Mein kurzer Sommer der Ostalgie

Christian Eger

Mein kurzer Sommer der Ostalgie
Ein Abspann

Verlag Janos Stekovics

The only way out is the way through.

Der Sommer war groß, die Ostsee grün, ein handwarmer Teppich aus Algen und schaumigen Melodien. Deutschland ging baden: die Schönen und die Weichen, junge Bäuche an Beistellhunden, waschbretthharte Pärchen, ironiefrei und versonnen, wie von Walter Womacka getuscht. Kein Staat weit und breit, kein Westen, kein Osten, nur dieses leichte Leuchten am Strand: der weiße Sand unter dem weißen Himmel von Fischland Darß. Etwas war am Verschwinden, etwas floss ab: die alte Wut, der kalte Sinn und mit der Gegenwart die Vergangenheit auch. Das Es-war-einmal schlug seine Comics auf, das große Gelächter stieg an. Und von Ribnitz her zog Pittiplatsch über die Insel, chauffiert von Pensionären des DDR-Fernsehens, im Schlepptau Räuber Hotzenplotz, der Solidaritätszuschlag für das aufgeweckte westdeutsche Kind.

Mein kurzer Sommer der Ostalgie: Wie ein trockenes Gewitter zog er über Land, ein Regenbogen in den Farben der DDR, nachkoloriert von ZDF und RTL. Das Verschwinden zog tief von Osten her. In Halle fielen die »Fäuste«, fünfzehn Meter hoch, das in dreihundert Tonnen Beton gegossene »Monument der Arbeiterbewegung«. Errichtet 1970, eingeweiht von Erich Honecker, zu Fall gebracht am 24. Juli 2003. Um sechs Uhr morgens trieb die Abrissfirma Todte ihre Presslufthämmer in die Jahreszahl 1917. »Wir machen das platt, gegessen wird pünktlich.« Um zwölf war es vollbracht: Am Riebeckplatz sieht Halle wie Kassel aus. Am 30. Juli starb Hans-Georg Stengel, der Sachsenlacher. »Bild« titelte: »Der witzigste Ossi – Er starb an seinem 81. Geburtstag«. Einen Monat darauf ging Peter Hacks, der gerne der bessere Goethe einer fabelhaften DDR gewesen wäre. Er starb am 28. August, Goethes 254. Geburtstag. Ich lag am Strand von Fischland, der Ostler verfangen in Echowolle. Es war einmal. Aber was? Ich war einmal. Aber wer? Im Abwinken nur diese Sandbilder noch zeichnen, ein paar Rechnungen, Szenen und Ansichtskarten. Was nicht verschwindet, war nie da.

1.

Wir sitzen in der Uckermark, die vor 1989 auch nicht so bunt war wie heute. *Wir*, Erfahrungs-Veteranen von Mitte 30, ein fliegendes Raucherzimmer, das einmal im Jahr auf einer nordostdeutschen Wiese landet, im Anhang Kind und Kegel in locker aufdrehender Zahl. Von Jahr zu Jahr wird das Gelände idyllischer – je leerer, je schöner. Das Grün, das Korn, das Wasser, die Kirchlein wie geradewegs aus dem achtzehnten Jahrhundert herübergeschoben. Leo spricht, 36, der Apotheker aus Dresden am Lagerfeuer zur Nacht. Über die DDR, über uns in der DDR, reden wir, wenn überhaupt, nur noch zur Nacht, wenn alles gesagt ist und längst nicht mehr gesungen wird. Leo spricht: »Es war alles schlecht; und was nicht schlecht war, das verdanken wir uns. Ich habe die DDR immer als unnormal empfunden; die Wende war der Beginn der Normalität. Für mich war klar: Entweder wäre ich in den Westen gegangen oder ich hätte mir den Strick genommen. Das alles ist vorbei jetzt, ich will nichts mehr davon hören. Das brauchte ich nicht, das brauche ich nicht.«

Es war alles schlecht. Was ist nicht auszuhalten, wird dieser Satz nicht ausgehalten? Was gerät in Unordnung? Wer fühlt sich und aus welchen Gründen besser oder schlechter, wird dieser Satz nur aufgeschnappt oder selbst gesprochen? Es-war-alles-schlecht. Kaum war der Satz gefallen, kaum hatte Leo sein letztes trotziges »Das brauche ich nicht« gesprochen, war das Echo da. Das Echo kam von Westen her. Es spricht Andreas, der Westler in der Runde, verheiratet, vervatert, verjobbt im Osten. Dass das doch Quatsch sei. Wie man so etwas sagen könne? Warum sich Leo denn weiterhin zum Opfer machen müsse? Und ihr, ihr anderen auch. »Das hört nicht auf. Nie hört das auf.« Ein Echo aus »Krebsgang«: Danke, Herr Grass. Andreas will nicht aufhören. Er will über »Ost und West« reden, um Gottes willen! Doch niemand will diskutieren. Keiner will Ost-West: Wir verstehen das nicht mehr. Es ist da nichts zu sagen, was nicht ein jeder für sich längst weiß. Keiner fühlt sich als Opfer, recht eigentlich schon damals nicht, in Honeckers Schmalland – über das Faktische hinaus. Wem gilt das Faktische als das Falsche, Genossen?

Es gab doch ein richtiges Leben im falschen! Wolfgang Hilbig: »Wir waren ganz normale Menschen, die sich ihrer Tränen, ihrer Irrtümer und Wahrheiten nicht zu schämen brauchten.« Christoph Dieckmann: »Ja, man konnte sich das eingezäunte Gärtchen Erde weiten durch Grübelei, Lektüre, Liebe, Langsamkeit.« So singen die verdienten Therapeuten des Volkes. Ja, klar! Es gab auch ein wahres Leben im wahren. Und es gab ein falsches im falschen. Ein jedes Leben schafft sich selbst. Arbeit: die eine oder andere. Liebe: die eine oder andere. Etwas Geld, etwas Wohnung, und der kopfüber leichthin schwebende Rest. Letzterer hatte es in sich in der Deutschen Demokratischen Republik: die Sinngifte Fernweh und Sehnsucht. Und Leo? Der steht da und sagt: Was gut war, waren wir. Und sagt den bösen, den Vier-Wörter-Satz: Es war alles schlecht. Warum höre ich den Satz mit Wohlgefallen? Und warum denke ich: Vorsicht, man muss den Durchschnitts-Westler wie den Besser-Ossi als Patienten begreifen?

Es war nicht alles schlecht. Nicht »Wir sind das Volk«, nicht »Wir sind ein Volk«: Wenn denn eine Redensart aus dem 89er-Stimmenschotter heraus den Sprung ins Gesamtdeutsche schaffte, dann diese: »Es war nicht alles schlecht«. Längst hat sich das Wort verselbständigt, hat Anschluss gefunden ins neudeutsch Alltagsweltliche. Es war nicht alles schlecht: Das ist Abwehrformel aus Trotz und Zauberformel aus Sehnsucht. Tatsächlich flottiert diese Phrase frei, ist ein gurgelnder Lacher, satirisch aufgerauht. Ein Stereotyp, das Stereotypen abruft. Netzrecherche. Ich tippe ein in Gänsefüßchen: »Es war nicht alles schlecht«. Rund 230 Fundorte weltweit. Das uralte Repertoire:

die Poliklinik, die Einheitsschule, Ampelmännchen und Theater, die Solidargemeinschaft, die Volksgemeinschaft, die Opposition (einmal tatsächlich ironiefrei) und die Nationale Volksarmee: »ganz sachlich – die einzige deutsche Armee, die nie einen Krieg geführt hat«. Es grüßt die Phrase als Schenkelklatscher und als Selbstermutigung der beweglicheren Nomenklatura von einst. Vor allem aber: die Kindheitsparadiesäpfelchen, die im Zuge der letzten medialen DDR-Konjunktur stiegenweise aus den Wohnzimmern rollten, die fast vergessene Ostproduktepalette komplett und kreideweiche Erinnerungen an die Schulkindheit in der DDR. So meldet sich Antje, 28, früher Karl-Marx-Stadt, heute in der Schweiz auf »dirkswebwelt«: »Ich erinnere mich an die Appelle am Montagmorgen. Es war ja irgendwie auch normal und gab mir ein Gefühl der Stabilität. Worauf ich am liebsten zurückblicke, sind die Kindersendungen. Wo sind nur Pitti und Schnatterinchen geblieben? Da ist noch eine Erinnerung, die mir sehr am Herzen liegt. Zu Heilig Abend kam immer ‚Zwischen Frühstück und Gänsebraten'. Meine Mama hat gekocht und wir Kinder waren so aufgeregt. Und meine Mutti hat immer die Lieder gesungen. Heute singt sie leider nicht mehr.« Wie auch anders? Es fehlen die Melodien, es fehlt der Text. Wo die Gegenwart wegbricht, stülpt sich das Gestern aus. Es war nicht alles schlecht: Das ist der neudeutsche Heimatrefrain, die Einheit im Reinheitsgebot der Erinnerung. Das Utopische rettet sich aus einer Zukunft, die keiner mehr sieht, in eine Vergangenheit, die ein jeder hat.

2.

Wie schreibt einer Vergangenheit, der sich selbst nicht als historisch erscheint? Dem keine Schlagersüßtafel die Zunge löst, keine Spreewälder Gurke als Proustsche Madeleine gilt? Das alles ist verblasst längst: Gesichter, Gestalten, Geschichten, betäubt, durch die Gassen des Spektakels getrieben. Dass man Ich nicht mehr sagen kann, ohne dass die Ohren dröhnen. Das Gedächtnis: abgeflacht, abgeschossen, durch eine Ermunterungsprosa, die *ich* schreibt, wo sie *wir* meint, die *wir* sagt, um ein Ich zu verstecken. Aufgeschäumt durch ein Show-Gewerbe, das den Kollektivdruck von gestern als Lachzwang wiederholt. Immer bereit, immer gut drauf. Das ist die Fortsetzung der DDR mit kulturpropagandistischen Mitteln. Eine meiner letzten DDR-Anfragen: Wie kommt man da raus – als Messer oder Löffel mit menschlichem Antlitz?

Fünfzehn Jahre nach dem Mauerfall: Es bereitet Pein, über den Osten fortgesetzt als »Osten« zu schreiben. Denn es gibt »den« Osten nicht. Es gibt Landschaften, die tragen Namen und Physiognomien; es gibt Schicksale, die tragen Geschichten; es gibt Geschichten, die ihre Schicksale tragen. Es bereitet Pein, dieses Schreiben öffentlich auszustellen: Hat er das nötig? Fällt dem nichts ein? Will er die Zonen-Quote? Mir fällt nichts ein, das fällt nur ab. Ich will nichts verteidigen, nur aufgehoben wissen. Es bereitet Pein, über die DDR in der Nachwende-DDR hinwegzuschreiben. Es ist peinlich, den Alltag im neuen deutschen Osten zu verballhornen: die Summe an Wünschen, an Niederlagen. Es ist peinlich, die DDR sentimentalisch zu beschwören. Es war ja in der Tendenz über die DDR zu jedem Zeitpunkt ihres Bestehens eigentlich immer schon alles gesagt. Das, was heute der Osten heißt, meint nicht die DDR, es meint ja nicht einmal die neuen Länder: Der »Osten« ist eine Reklameformel, ein Kampfbegriff, der es ermöglicht, über die erfahrene DDR als eine konturlose Sache zu reden, von der Bundesrepublik ganz zu schweigen, ihrem siamesischen Schwesterlein vom Rhein. Es bereitet Pein, unter den Scheinwerfern des Ost-West-Talks hindurchzuschreiten. Der Osten interessiert sich nicht für den Osten. Wie auch anders? Er ist nicht gemeint.

Der neue deutsche Osten ist eine Erfindung des Marktes nach einer Geschäftsidee des Westens. Ulkig, harmlos, porentief rein: So springen die Ostprodukte wie neu vom laufenden Band, Honis öder Resterampe, an der die West-Chefs der Ost-Medien den Volks-Erhitzer geben. Der schuldlose Westen erfindet sich einen laubenpieperseligen Osten. Abweichungen vom Drehbuch werden ins Schreckliche hochgezeichnet und volkspädagogisch als Enttäuschung notiert. Schrecklich und enttäuschend: die Mark Brandenburg, die man gerne zeitweilig untertunnelt hätte; das »Dunkelland« Sachsen-Anhalt, das Journalisten bereits durchschaut zu haben meinen, kaum dass sie sich an einem Regionalbahnhof in ein Taxi fallen lassen; Berlin, das stets dort nicht zu Wort kommt, wo das Logo »Hier spricht Berlin« aufgepappt und das Platzen neudeutscher Selbstsuggestionen in ein Berliner Barbarentum umgewidmet wird.

Der neue deutsche Osten ist eine Erfindung der Politik unter dem Weichzeichner-Gebot der alten DDR-Eliten, der Eliten aus allen Milieus. Ihr erstes Gebot: Du sollst wir sagen! Zweites Gebot: Du sollst verteidigen! Drittes Gebot: Du sollst beschwören, nicht erklären! Thronende Unterlegenheit, wohin man schaut. Die, die etwas zu erinnern hätten, erinnern sich nicht öffentlich. Die, die kaum etwas zu erinnern haben, pinseln das Wenige in pastöser Breite aus. Wie das vorbeizieht und tiriliert: die ersten Westler des Ostens hier, die letzten Ostler dort, umschlossen von schlappen Mythologen. Ohne die Bundesrepublik hätte es die DDR nicht gegeben; ohne den Westen hätte sich die Nach-DDR nicht als Osten begriffen. Der Westen treibt den Osten zum Selbsttest; der Osten treibt den Westen in Talk-Shows, auf Posten, in Anwaltskanzleien. Was umläuft: Vergessen auf Rädern. Je weiter die Jahre vor 1989 zurückliegen, um so mehr gilt ein einst Selbstverständliches als grundsätzlich antastbar. Meinungen gelten als Fakten, Fakten als Meinungen. Die lebendige Landschaft indes bleibt stumm, sich unsichtbar in unsichtbaren Lebenslinien erneuernd. Was sich fortschreibt, ist nicht die stereotyp eingeredete kollektive Einkrümmung, sondern eine tatsächliche Ermüdung: dieses sich selbst als ein Fremder betrachten müssen, weil man als der jeweils Einzelne nicht wahrgenommen werden soll. Die Industrien brauchen den Einzelnen nicht: die Industrien der Reklame, der Wirtschaft, der Ideologie. Was soll das bedeuten: ein Ostler zu sein? Habe ich mich selbst in der DDR als ein Ostler begriffen? Nein, nicht einmal als ein Bürger der DDR, es sei denn, ich wollte meinen Makel ausstellen, dieses wie eingeborene Handicap.

3.

Zonen-Vogel, der ich war, Lachsalven, die er hervorrief, schnatterte ich wie auf Knopfdruck meinen einzigen polnischen Satz herunter – in Danzig, das längst Gdansk war, Sommer 1987. »Jestem obywatelem NRD. Ich bin ein Bürger der Deutschen Demokratischen Republik.« Großes Gelächter. Na also, der sagt doch, was er ist. Warum er nicht sein will, was er nicht sein kann. Ein gern hochtönender Blasebalg, 20 Jahre alt, stets auf der Höhe der eigenen Vorurteile, ein gerade abgedienter Gefreiter der Nationalen Volksarmee, Soldat eines Staates, den er ablehnt, ohne ihm entwischen zu können, unterwegs zu einem Studium, dem er entwischen will, ohne ihm ausweichen zu können, weil es ihm sinnvoller erscheint, den privaten Karren durch Bibliotheken als über Friedhofsgärten oder Krankenhausflure zu ziehen. Wer nichts wurde in der DDR, wurde nicht etwa Wirt, sondern ein Student der Pädagogik im Fach Deutsch, wahlweise kombiniert mit Geschichte oder Kunst. Das war die Hofmeisterlaufbahn der Ära Honecker, vor den Pforten der reinen Lehre sortierten die Genossen. Dichter und Maler sah man so antreten zum großen Milchdienst am Volke.

Aber Polen Ende der 80er Jahre, das schien mir so scharf wie der leibhaftige Westen; tatsächlich war letzterer noch einfacher zu haben. Nur jede halbe Stunde öffnete sich am Grenzübergang Pomellen der Schlagbaum, auf dem Mittelstreifen der Fahrbahn kippte kniehoch das Gras. Jestem obywatelem NRD und zwei, drei, vier Cognac im einzigen Grenzbistro auf deutscher Seite, einer wie von Bratfett überzogenen blechernen Schachtel-in-Schachtel-Konstruktion, der so genannten »Ziehharmonika«. Zwischen den Zonen, den Zeiten, fernab: Das war mir Amerika, im Rücken das Pappkameradenland abgebrannt. Polen leuchtete, viel Zeit und Ostwind, weil ein Personalausweis liegen geblieben war: in Dessau im Plattenbau im Dederonbeutel auf dem Balkon.

Der Westen galt uns als ein scharfer Begriff, der tatsächlich eine Schimäre war; die DDR war uns ein Begriff, der uns heute als Schimäre gelten soll – und ein jeder sich selbst. Die Ost-Reklame ist die letzte große Kollektivierungswelle, die das Volk zwischen Thüringen und Rügen erfasst, veranstaltet von einer Einheitsfront aus Wende-Gewinnlern und Wende-Verlierern. Um nicht über Differenzen reden zu müssen, über die Freiwilligkeit im Unfreiwilligen, über gesellschaftliche Kontinuitäten, die ins Gestern führen und hinein in die Gegenwart, die ja stets am wenigsten erkannte Zeit. Dabei wissen wir, wie verletzbar so ein jeweils einzelnes einziges Leben ist, ein kleiner Eingriff nur, eine leichte Drehung, ein Nichts fast, und schon ist alles nichts mehr – oder eben viel mehr, und plötzlich ein Anderes fernab jeder Linie. Die Antwort auf die Lebenslinienrichter ist Müdigkeit, Abwinken, Rückzug, das Leben am Rand.

Man muss nur durch den neuen Osten gehen, offenen Auges: dieses bunte Weiß, der donnernde Grad der Stille. Diese große Gegend ist eine versunkene Landschaft, so versunken wie die Menschen in ihr, verlassen von allen guten Geistern: ein Heimspielplatz für Ost-

Kampagnen-Ritter, Volkspädagogen (Wir von hier!) und Weißt-Du-noch-Dichter. Das rumpelt so sehr lautstark aus den Requisite-Ost-Bergwerken ans Licht, dass der Leipziger Dichter Thomas Kunst die Notanfrage stellen muss: »Und was machen die, die ohne Gagarin und Milchdienst / In ihren Gedichten auskommen, was machen sie nur, ohne den / Osten und die anderen warmgehaltenen Entrümpelungshierarchien, / Die kalkulierbaren Datenerhebungen aus Berufsmetaphern und / Vergangener Heimataufgabe...« Der Osten, wo er nicht nur tote DDR sein darf, ist eine leere Landschaft, wie nicht wenige Gesichter in ihr, wie die kleineren und kleinsten Städte. Auslauf für Heimatforscher und Kulturgeschichtler: Nie waren die Denkmäler so sichtbar, so herausgeputzt, die kulturhistorischen Kolloquien so gemütlich wie heute. Nie war die Geschichte so zudringlich; Denkmäler sieht man, aber keine Menschen. Es scheint paradox, öffentlich rechtlich ist alles ostwestdeutsche Gerede gefördert, erwünscht, sanktioniert: außer diesem, das den Grund einer jeweils einzelnen Existenz aufreißt, jenen Bodensatz aus Niederlagen, der sich fortschleppt, der Bodensatz der gültigen Wünsche, wo er den Punkt erreicht, von dem aus Hoffnung in Illusion umschlägt – und in ihr Pendant, die Traurigkeit. Die Angst vor der Gegenwart treibt die Medien an. Allein die ostdeutschen sind westdeutsche Medien: Sie hacken die Landschaften zur Scholle klein, zur heimeligen Heimat, konfliktfern und streitscheu. Die neuen Ost-Ideologen gehen als Entertainer um; die alten laufen als Heimatkundler auf, aufgekratzt und sehr volkstümlich, der alte Kader im Gewand des Regionalhistorikers. Der Osten soll sein: der Winkel, die Lachnummer, der Kessel Buntes – ein Nach- und Neben-Deutschland, weil sich die Bundesrepublik selbst als ein Nach- und Neben-Deutschland begreift. Was übrigbleibt: abgelebte, abgelegte Leben; nachgelassene Fotografien, schwarz-weiße Kunde aus einem Land, in dem ein Schwarz-Weiß nicht gegolten haben soll. Die schweren Daten sind Sprechblasen längst, aufgepumpt, grell koloriert. Feiertagsgedenkrepublik.

Neunzehnhundertneunundachtzig. Es war einmal. Aber was? Da lief etwas. Aber wie? Meinungen, Stimmungen, Wetter im Plural. Nichts lief wie am Schnürchen, aber genauso schnell. Immer war es dunkel in der späten Deutschen Demokratischen Republik. Die Häuser hingen durch, sie starben von außen nach innen. Wieviel Energie kostete das, welche Energie setzte das frei, durch Städte zu laufen, die zusammenbrachen, die abgesperrt wurden, abgetragen, wenn sie zusammgebrochen waren? Halberstadt, Halle, Leipzig. Die Lebensentwürfe starben von außen nach innen. Wieviel Energie kostete es, das Versagen der Bedingungen nicht in ein eigenes Versagen umzuwidmen? Am Abend, da atmete die Düsternis aus, die feuchte Kühle, das restlichtschluckende Grau; zur Nacht das Funzellicht, schlierig und grobkörnig, Katzenkopfpflaster, krummer, welliger, gerissener Asphalt. Das Donnern der Züge von fern, das Kreischen der Straßenbahnen, das schöne Sirren der Autobahnen. Die DDR war ein stilles, tendenziell stummes Land. Erst hörte man sich selbst, das eigene Herz, den eigenen Puls, aufschlagend, aufsteigend, fühlte man sich selbst: in der Schule, der Kirche, am Familientisch, an den Tischen des Staates. Bekenntnisrituale, fortgesetzt: Du musst dich entscheiden! Das »Wie weiter?« war die Frage nach dem »Wie lange noch?«. DDR, das war Fernwehland, Sehnsuchtshölle nach Jahresringen. Wer zur Nacht durch Halles alte Straßen ging, lief schnell. Weglaufen über kurze Strecken. Die Hände in den Hosentaschen, die Hände am Fahrradlenker. Oder: die Zigarette in der Linken, die Rechte an der Umhängetasche, schweinsledern damals, vom Scheuern und Schaukeln wie speckig poliert, Seelchen am Riemen. Warum liefen wir nicht auf Händen? Das liefen wir ja auch und standen Kopf. Es gehörte ja allen nichts, also dem Einzelnen alles: die Wege über Land, die See, die Schönheit, das Nichtverpflichtbare. Man war gut unterwegs, so hofften wir: *man, wir, ich* – ein fliegender Wechsel je nach Tageslage. Von vier bis Bier und über Rotwein zurück. Nur jetzt diesen Satz vermeiden: Es war nicht alles schlecht.

Wie die Alten sungen, singen sie nicht mehr. Ich fahre nach Süden nach Osten, Sommer 1999, eine Reise in die Oberlausitz, Sorbenland. Eine anmutige, sanft hinhügelnde Landschaft, von zahllosen Kruzifix-Stelen wie von Stecknadeln zusammengehalten. Füchse queren die Straße und Nonnen auf Rädern. Filmreif ist das alles, kitschbedroht, die lauschigen Weiher, die Seen, die Wäldchen ringsum, Land Olim, das Es-war-einmal heißt und in dem Krabat umgeht, der Bauernbursche. Wir fahren zu Jurij Brezan, damals 83, Verfasser des Großromans »Krabat«. Ich habe Brezan in der DDR nicht gelesen, ich hätte Brezan in der DDR nicht zuhören wollen; Brezan, der Vorzeige-Sorbe, einer von drei, vier, fünf Chef-Stellvertretern im Schriftstellerverband der DDR. Das Ausleseland ist abgebrannt, am Rand der Brache sitzt Brezan, uralt.

Rund 60000 Köpfe zählen die Sorben heute, zwei Drittel in Sachsen, ein Drittel in Brandenburg. Ein gejagtes Volk: Heinrich Himmler plante die »Endlösung«. Die DDR-Lenker ließen Geld und Blumen regnen, sofern das Attribut »sozialistisch« nicht zu kurz kam. Jurij Brezan ist ein schlanker, Zigarillos lutschender Zwei-Meter-Mann. Ein Waldgänger, dessen biologisches Alter in keinem Verhältnis zu seiner schlaksigen Jugend steht. Ein Schreitvogel, sorbischer Marabu. Im Arabischen sind Marabus Totenvögel, die als Einsiedler gelten, tatsächlich aber sehr gesellig sind. Herr Brezan, gibt es eine sorbische Mentalität? Mit der Obrigkeit immer vorsichtig umzugehen, sagt er, nichts auf die Spitze treiben. Sonst wären wir nicht mehr da. Heimat, das sind für Brezan »meine Leute«, die Familie, die ihn in seinem Waldhaus versorgt, in Horni Hajnk, einem Fünf-Häuser-Nest im Landkreis Kamenz. Heimat, das sind hier dreitausend Schritte, die Brezan von seinem Vaterhaus in Räckelwitz trennen, man kann es sehen, vom Grundstück aus, zwischen Birkenstämmen. Brezan heißt, der in in den Birken wohnt, filmreif auch das.

Dreitausend Schritte, das sind für Brezan 83 Jahre: Gymnasium in Bautzen, Gestapo-Haft, Flucht nach Böhmen und Polen, Gefängnis und Folter, ausgeübt durch Reinhard Heydrich, Chef der NS-Sicherheitspolizei. Einberufung zur Wehrmacht, Einsatz vor Stalingrad, und 1945 Start zu einer Autorenkarriere, die im Sorbenland einzigartig blieb. Dass Brezan sein Vaterlandslob bisweilen stark überzog, schadet ihm bis heute. Kaum kippte die DDR von der Weltkarte, traf Brezan der Hass seiner Landsleute. Dass er ein böser »Kumpan von Honecker« gewesen sei, ein gleichgeschalteter Sorbe. Seiner 1994 an Krebs gestorbenen Frau, mutmaßt der Autor, habe das, was er die »wilde sorbische Kampagne« nennt, das Herz gebrochen. »Die sächsischen Behörden«, sagt Brezan, »und die in meinem Landkreis pflegen mich nicht wahrzunehmen. Das verwundert mich. Aber es tut nicht mehr weh.« Es sei die Generation der Söhne, der die Kraft zur Debatte fehlt. »Wenn ich nicht Sorbe gewesen wäre«, sagt Brezan, der 1946 in die SPD eintrat, »wäre ich nie in irgendeine Partei eingetreten.« Pragmatismus, sagt er, den halte er für legitim. Warum er die SED nicht verlassen hat, und das, nachdem er doch 1956 begriffen haben will, dass hier ein Sozialismus ohne Diktatur nicht zu haben war? Weil man ihm früh erklärt habe, sagt Brezan, dass es nur den Rausschmiss gäbe, nicht den Austritt. »Ich hatte mir eine bestimmte Position – erkämpft ist Quatsch – aber erschrieben.« Ob ein Pöstchen weniger mehr gewesen wäre? Im Schriftstellerverbandsvorstand, der zu den Kongressen vom wie endlosen Podium herab auf die organisierten Schriftsteller blickte. »Das war der einzige Posten, an dem ich wirklich interessiert war, keine Händchenhebesache.« Pragmatismus auch hier? Wenn überhaupt, sagt Brezan, bezog er sich auf meine sorbische Existenz.

Was war die DDR? Mein Volk, mein Wald, mein Wahn. Die Frage ist anmaßend, denn wer will hier Schlussworte sprechen für wen? Die Frage ist notwendig, wie anders wäre der Globalisierung des Erinnerns zu begegnen? Die Frage nach dem »was« ist die Frage nach dem »ich«: Wer war ich in der DDR? Die Frage nach dem »was« ist die Frage nach dem »was bleibt« – eine Frage mit Krisen-Konjunktur. Die Wasbleibt-Frage ist eine ängstliche: Sie fürchtet sich vor dem offenen Doppelpunkt, davor, dass da eine letzte kassentaugliche Antwort nicht zu liefern wäre. Die DDR-Frage ist nicht zu beantworten, ohne diese zwei Fragen zu stellen: Was war 1989? Und: Was war und was ist die BRD – im Blick auf die DDR? Die Frage nach 89 lässt Westler und Ostler taktgleich verstummen – da ist noch nichts zu abhakbarer Geschichte geronnen. Die Frage nach der BRD wird nicht gestellt. Die Gegenwart verschwindet unter dem Filz der Verhältnisse, die Vergangenheit unter dem Sprühnebel der Propaganda, die die Erfahrung DDR als Comic in den neudeutschen Warenzyklus einspeist und der Erfahrung BRD den staatsbürgerkundlich korrekten Prozess macht. In beiden Fällen wird Vergangenheit nach den psychischen Bedürfnissen der Gegenwart ausgerichtet. Aus der Leerstelle zwischen individueller Erfahrung und offiziös behaupteter Erinnerung steigen die Seifenblasen der gesamtdeutschen Ostalgie. Was also war die DDR? Noch 1990 rollten die Antworten spärlich: Man ging lieber spazieren statt in Talk-Shows auf und ab. Anfang der 90er Jahre sprangen die Antworten über. Der Streit um die Deutungshoheit der Ost-Realität brach an; die Ermüdung des Ostlers am Material der eigenen Erfahrung fand hier ihren Ausgangspunkt. Die Laufbahn der Was-war-Frage Ost: Am Anfang fielen die Antworten wie in Trance, dann aus Protest, am Ende aus Notwehr – Zaunpfahlwinken gegen die ostalgische Erlebniszone.

Herr Brezan, war die DDR ein Unrechtsstaat? Brezan hebt die Brauen, das will er nicht hören. Quatsch sei das, eine Floskel! Herr Brezan! Natürlich sei viel Unrecht geschehen, sagt er, aber ein Unrechtsstaat sei die DDR nicht gewesen. Er erzähle da jetzt lieber so eine Begebenheit. Wie eine Frau von »seinen Leuten« Ende der 50er Jahre ein privates Moorbad nicht räumen wollte auf Befehl, um Tbc-Kranke aufzunehmen. Hausdurchsucher fanden: einen Sack Zement, eine Badewanne in der Scheune und – im hintersten Dachwinkel – eine Hakenkreuzflagge. Das neue Deutschland schlug zu; Brezan, als Schöffe verpflichtet, protestierte gegen die Konstruktion eines Straftatbestandes: unterschlagenes Baumaterial, NS-Propagandamaterial. Er verlor seinen Schöffenposten, sagt Brezan, die Frau aber gewann den Prozess. Kurz darauf verlor sie alles: ihr Grundstück, die Freiheit – fünf Jahre Zuchthaus. Das war Unrecht, Herr Brezan! Ja, sagt er da. Jetzt sage ich, Herr Brezan, die DDR war ein Unrechtsstaat, und ich habe Recht. Ja, sagt Jurij Brezan.

Brezans »Ja« trug ich heim wie eine Trophäe. Der Genuss war hohl. Was ist damit gewonnen, ein Selbstverständliches noch einmal als ein Grundsätzliches einzufordern, sich als Bauchredner eines Greises zu verkapseln – zumal gegen dessen ureigene Intention? Es waren nach 1989 einige jüngere Huckepack-Historiker unterwegs, die auf den Schultern der Alten noch einmal deren Kämpfe nachstellten. Das ist lächerlich, langweilig, verpflichtet zur Partei. Der Ort des Grundsätzlichen ist der politische Streit, nicht das persönliche, Leben einfangende Gespräch. Wo das Grundsätzliche aufmarschiert, entstehen Leitartikel, keine Erfahrungs-Tableaus, die in die Gegenwart weisen. Der Weg zur Erfahrung führt durch den erinnerten Alltag hindurch, das heute weithin Verschüttete. Alltag meint nicht das mit Ostprodukten marketinghaft aufgerüstete Schaufenster –, sondern das kleine, oft klumpige Leben. Brezan ist kein »Ostler«, er ist ein deutscher Sorbe, ein Herr mit Vergangenheit. Diese Vergangenheit wäre ein Zugewinn an Welt und Erkenntnis, könnte sie frei von Ressentiments erzählt werden. Brezan hat mit einigen Blitzlichtern das ihm Mögliche getan; sein Erinnerungsbuch »Mein Stück Zeit« ist ein Dokument von Rang.

Die DDR war kein Rechtsstaat, wäre sie einer gewesen, vielleicht gäbe es sie noch. Es gab keine Verwaltungsgerichte, Pünktchen. Es gab keine Chance, als Bürger den Staat zur Rechenschaft zu ziehen,

Punkt. Die Nach-89er-Erregung darüber, ob die DDR ein »Unrechtsregime« zu nennen sei, suggerierte, dass es möglich sein könnte, über diese Frage im Grundsatz eine funkenschlagende Debatte zu führen. Die Belästigung bestand nicht allein darin, dass diese Frage gestellt, sondern dass vorgegaukelt wurde, dass auch nur eine der sich propagandistisch anblitzenden Parteien Lust verspürt hätte, hier irgendetwas sachlich klären zu wollen. Selbstverständlich hatte die Ost-West-Karriere des Begriffes »Unrechtsregime« ihre flurbereinigende Funktion im Blick auf die juristische Postenlandschaft der Nach-DDR. Dass das Wort noch bei denen, die ja eigentlich wissen, was die DDR war, auf Abwehr stieß, hat Gründe: die der Instrumentalisierung. Der Begriff ist, auch wenn er eine alte Wahrheit transportiert, ein Kampfbegriff. Das Wort taugte als Depressionsspiegel für zartere Seelen, als preiswerte Chiffre der großen ostdeutschen Verletzung, die das Versagen der äußeren Verhältnisse in ein eigenes Versagen umwidmen soll. So stellt es sich dar: Der Nach-89er-Alltag versiegelt das Erleben davor. Was eigentlich trieb in der DDR dazu, eine juristische Karriere einschlagen zu wollen? Das bürgerliche Echo, die Lust auf Klassenjustiz, wichtelnde Wichtigkeit? Hätte der, der es als Jurist wirklich ernst meinte, nicht nur zweifeln, sondern verzweifeln müssen?

Ansichtssachen, Leipzig, Mai 1999. Ein Podiumsgespräch mit der Schriftstellerin Ruth Klüger, Literaturwissenschaftlerin und Publizistin, Überlebende des Vernichtungslagers Auschwitz. Motto der Veranstaltungsreihe »Erfahrung Deutschland«. Die »U«-Frage taucht auf. Ruth Klüger winkt ab. Ein Unsinn sei das, den Begriff »Unrechtsregime« für die DDR überhaupt in Erwägung zu ziehen; eine Erklärung bleibt die damals 77-Jährige schuldig, die Geste findet ihren Applaus. Klügers Statement sagt nichts über den Alltag der DDR, aber einiges über den politischen Alltag der 90er Jahre. Allein es geht nicht um Begriffe. Es geht nicht um Rangstufen erfahrenen Elends; Elend ist, wo es trifft, immer total. Elend war da und öffentlich unsichtbar: Man konnte an der DDR sterben, ohne von ihr erschossen zu werden. Die Brutalität zwischen den Zeilen, zwischen dem einen und dem anderen Schweigen, das müsste heute gezeigt, das müsste erzählt werden: nicht in zuckertütenschweren »Wende«-Romanen, sondern in erfahrungsgesättigter Belletristik und in unaufgeregten Filmen. Ruth Klüger schrieb auch das: »Ich erkenne mich an meinen Unversöhnlichkeiten«.

Wo sind nur Pitti und Schnatterinchen geblieben? Und wo der Alltag Ost, der als »Olle dolle DDR« reklamebunt weichgespült wird? Die Formel »Es war alles schlecht« zielt auf die Substanz: die des Staates, die seiner Gesellschaft, die einer jeweils eigenen Biografie – und auch auf die Haltung jenen Mitmenschen gegenüber, die allein Schnatterinchen sahen, wo ein Ausweg notwendig gewesen wäre. Die Formel Es-war-alles-schlecht steht heute im Ruch jener Propaganda, gegen die sie anzureden versucht – einer Propaganda, die von Ost und West aus gleichermaßen in Gang gehalten wird. Der Marktplatz, der heute der Osten heißt, hat für solcherart Ermittlungen wenig Raum. Es geht nicht um Posten und Pfründe, es geht um das Öffnen von Räumen, um Landschaften der Seele und jene des Kopfes. »Aber das Bild, das der Westen sich vom Osten machte«, schreibt Monika Maron, »war das, was er in den Medien auch darstellte und verbreitete, bis alle es für für das gültige nahmen, sogar die Ostdeutschen.« Erinnerung trügt, Erfahrung trägt. Die Wirklichkeit von gestern muss gegen die Realität von heute verteidigt werden. Was es aufzuheben lohnt: die Wut und die Wärme, die Energie von einst, die nicht verloren geht, noch wo sie vergessen scheint.

Ich bin Jurij Brezan nach dem Gespräch im Sommer 1999 noch zweimal begegnet, um mit ihm buchstäblich über Gott und die Welt zu reden; es waren bessere, im guten Sinne fabelhafte Gespräche. Die erste Runde führte zurück in Brezans Kindheit und Jugendjahre, das zweite Gespräch an den Kessel von Stalingrad, das Gemetzel von 1942, das der Zwangsrekrutierte nur deshalb überlebt hat, weil er vor dem großen Schlachten mit einem Obergefreiten seinem Regiment verloren gegangen war, vergessen in einem Fernschreibkeller am Pripjat. Nach unserem letzten Gespräch in Horni Hajnk stürzte Brezans Blutdruck abrupt; er telefonierte sofort. Mein letztes Bild: Jurij Brezan, ein aufblitzender Greis mit übergroßer Pelzmütze, der freundlich vom Beifahrersitz grüßt, einen Dackel auf dem Schoß. Dann verschwindet der Volvo – die letzte Staatskarosse der DDR –, zwischen Birken und Weihern ein Winken im Wald.

4.

Noch bevor die DDR verschwinden konnte, wurde sie bereits vermisst. Egal, von welchem Ufer, egal, von welcher Hanglage des Bewusstseins aus: Kaum geriet der Untergang des Staates – den als »mein Land« anzusingen, Brauch gewesen ist – in den Blick, schon zogen um 1990 Dichterhände schwarze Schleifen auf Papier. Jürgen Rennert: »Mein Land ist mir zerfallen. / Sein' Macht ist abgetan. / Ich hebe, gegen allen / Verstand, zu klagen an.« Thomas Brasch: »Ich war mein Land. Man hat uns weggeschenkt. / Wo schläfst du, DDR, ich habe mich verrenkt.« Volker Braun: »Was ich niemals besaß wird mir entrissen. / Was ich nicht lebte, werd ich ewig missen.«

So klingt Klage, kein Kitsch, denn aller Dunkelflöterei zum Trotz: Das Gefühl, das hier spricht, ist echt, das Pathos wiegt schwer, das Selbstmitleid auch. Es gibt ja eine DDR-literarische Tendenz zur Selbstaufbahrung; der verspannte Erlöser will erlöst werden von jenen, die sich von ihm nicht erlösen lassen wollten. Die hier zitierten Autoren tragen und trugen schwer an ihrer jeweils eigenen Nachkriegsgeschichte, die mit der der DDR zu verrechnen wäre, aber doch nicht auf diese herunterzurechnen ist. Alle drei Autoren finden sich von Affekten heimgesucht. Das Heimweh Ost, das eine Sehnsucht nach verlorener Jugend ist, überfällt wie ein Schluckauf – geborgen im Schaum der Indifferenz. Im Wegfall Ost ist eben nicht von einem nur alltagsüblichen Abschiedsschmerz die Rede, der nach kurzer Dauer wie vogelleicht entfliegt. Hier wird ein Verlust an die eigene Biografie adressiert, zudem einer, der keine Trennung zwischen realer und fiktiver, zwischen privater und gesellschaftlicher Welt erträgt, weil eine Trennung dieser Sphären den Alltag in der DDR unerträglich gemacht hätte.

Phantomschmerz Ost. Wo Rechnungen aufgemacht werden, die längst erledigt sind; wo Rechnungen, die es vertragen, offen gehalten zu werden, als erledigt vom Tisch gewischt werden. Auch das ist ein Nach-89er-Erlebnis: dass die Gesellschaft im Blick auf sich selbst sehenden Auges dümmer werden kann. Die Originalberichte und -reflexionen aus den Jahren 1989 und 1990 erscheinen heute auf einer Höhe, die die neueren Zeitnachrufe nur selten erreichen. Erschöpfung schreibt mit, Entertainment, die Taschenspielereien der Erinnerung. Es gibt Missverständnisse, die sich ohne eine physische Kenntnis der Ost-Probleme nicht lösen lassen. Über die DDR zu reden, als würde eine Landschaft des 16. Jahrhunderts für das Gedächtnis nachinszeniert, entbehrt nicht der Komik. Die Erlebensgemeinschaft Ost findet sich wie in Platons berühmter Höhle: Es werden ihr die Erlebnisse und Begriffe von einst als scherenschnittige Suggestionen vor den Augen entlanggezogen. Bereits kleine Ungenauigkeiten wachsen sich schnell ins Monströse aus. So ist es zum Beispiel kein Vergnügen, als Ostler eine von jüngerer westdeutscher Hand verfasste Christa-Wolf- oder Maxie-Wander-Biografie lesen zu müssen, die gerade dort, wo man gut weiß, wer und was Christa Wolf oder eben Maxie Wander gewesen waren, für Umsatz sorgen soll. Lacher, die am Ende nur Ärger bereiten, sind garantiert. Noch in den 8oer Jahren konnte man an populären westdeutschen Lexika den Volker-Braun-Test vornehmen: Annoncierte das Buch den Dichter als ausgebürgert, hatte es verloren. Zum Ost-Kompetenztest neuer Art taugt die Berliner Massendemonstration vom vierten November. In der Regel wird sie auf den Nachmittag gelegt, tatsächlich begann sie um zehn Uhr morgens. Es war schon damals alles zu spät.

Vierter November 1989, Berlin Alexanderplatz. Die DDR feiert die größte polizeilich angemeldete Demonstration ihrer Geschichte. Wir reisten von Potsdam-Rehbrücke her, eine wacklige S-Bahnfahrt durch den regenblasenschlagenden Morgen. Mir war klar, das sollte man gesehen haben; die Musealität war dem Ereignis eingeboren, sie schob es wie eine große Aufmerksamkeit heischende Wolke vor sich her. Vom Alex aus die Liebknecht-Straße herauf, zur Volkskammer hin, an einer winkenden Politbüro-Pantomime unter Regenschirmen vorbei, dann alles wieder retour. Sehen, stolpern, staunen. Etwas spaziergängerhaft Unernstes lag auf der gesamten Szene. Ein Wald von Transparenten wanderte voran, locker und launig, Ostberliner Schauspiel-Prominenz immer vorneweg. Dieser Auflauf war eine Theater-Demo und das nicht allein vom Kopf her, ein Zug gegen die rieselnde Zeit in »Sicherheitspartnerschaft« mit der Volkspolizei. Sicherheitspartnerschaft! Noch dem in Großbuchstaben ausgestellten Begriff »Protestdemonstration« eignete etwas musterschülerhaft Tautologisches. Veranstaltungstyp: Demonstration. Veranstaltungsziel: Protest. Veranstaltungsdurchführung: Sicherheitspartnerschaft. So also. Ordner mit »Keine Gewalt«-Schärpen am Rand. Ich fand das auch lustig und unbedingt fotogen. Wir schauten nach außen, nach innen – wir schauten auf uns selbst und die Prominenz, die vor dem Haus des Reisens von einer Wagenbühne herab das Volk umwarb – mit sprichwörtlichen Marx- und Engelszungen. Es war erstaunlich, wie viele Sänger und Dränger da mitliefen, die auch in sonnigeren SED-Jahren immer vorneweg waren. Die Ost-Prominenz auch, die ich bislang vor allem aus dem Westfernsehen kannte. Ich kam aus Halle, wo ich damals nicht gerne lebte, ich studierte Pädagogik, Deutsch und Geschichte, was ich nicht wirklich wollte, und das mir allein in der Not als letzte Tugend erschien. Ich sah diese kleine Tribüne, von der mastkorbgleich fortgesetzt ein Wendemanöver zu verkünden war. Die allzu alten Bekannten unter den Rednern und solche, die endlich allzu gute neue Bekannte werden wollten – und es dann ja auch wurden in den Medienjahren danach. Das Ermunterungs-Pathos orgelte pfiffig, murmelte und diktierte, wollte noch einmal belehren, verlangte Nachfolge ein letztes Mal.

Unter all den Auftritten erinnere ich vor allem diesen einen: die 81-jährige Schauspielerin Steffi Spira. Wie sie da in ihrem braunen knielangen Anorak auf der Bühne steht und den rechten Arm fahnenstangensteil nach oben hebt, um ihn am Ende ihres so kurzen wie donnernden Statements am Körper herabfallen zu lassen. »Ich wünsche mir für meine Urenkel, dass sie aufwachsen ohne Fahnenappell. Ohne Staatsbürgerkunde, und dass keine Blauhemden mit Fackeln an den ‚Hohen Herren' vorübergehen!« Applaus! »Ich habe noch einen Vorschlag: Aus Wandlitz machen wir ein Altersheim. Die über 60- und 65-Jährigen können jetzt schon dort wohnen bleiben, wenn sie das tun, was ich jetzt tue: Abtreten.« Donnernder Applaus. Dieser Auftritt hatte Größe, Stil und Charme, er war in seiner Kürze und Schlagkraft dieser Massenfeier des glückhaft historischen Momentes sehr angemessen. Christoph Heins Vorschlag hingegen, Leipzig – die Stadt der ersten Montagsdemonstrationen – künftig »Heldenstadt« zu nennen, war heldenhaft sentimental bereits im Moment seines Vortrags. Die Zeit der Helden war vorbei, auch wenn wie im Fall Hein eine trunkene historische Situation in einer beschwipsten Formel ihre trunkene Entsprechung zu finden suchte. Trotzdem wurde noch einmal das versucht: gute Taten einfordern, noch einmal alle zur Stange rufen. Ich weiß nicht mehr, wie viele symbolische Fenster an diesem Vormittag rhetorisch aufgestoßen worden sind. Heiner Müller tat das nicht, er zeigte keinen frommen Optimismus. Er wurde weggelacht und ausgebuht.

Was Müller vortrug, war ein Aufruf zur Gründung unabhängiger Gewerkschaften, abgelesen von einem Blatt Papier, das ihm kurz vor seinem Auftritt drei junge Leute in die Hand gedrückt hatten. Ich hatte damals keine Nerven für Heiner Müllers Sache; es interessierte mich nicht, was aus dem oder gegen den FDGB werden könnte oder was nicht, auch deshalb, weil der FDGB mich nie interessiert hatte. Das Papier, heute nachgelesen, macht staunen: So viel Ernst, so viel Klarsicht, so viel Interesse an Politik spricht aus diesem Blatt. Das passte nicht. Es passte dem Stasi-Block nicht, nicht den Parteileuten, nicht den Staatsrettern, nicht mir. Diese These sei gewagt: Die durch und durch politisierte Staatsgesellschaft Ost war tatsächlich eine entpolitisierte, eine durch den Geist der Trauer und Utopie weichgespülte Partei- und Partygesellschaft. Das, was als »politisch« galt, war allein die Differenz, die die Meinung des Nebenmenschen jeweils von der parteipolitisch gültigen trennte. Das kleine Gemeine nicht anfassen, aber das große Rad drehen wollen: Die Party hat immer Recht – das galt als Politik. Der Vormittag des vierten November war eine somnambule Morgenfeier; es war der Leichenschmaus in Sachen DDR, auch wenn vielen Rednern der Leichnam als besonders volksnah aufgeputzt erschien. Es war vorbei. Die Zeit war bereits eine andere. Ich dachte an diesem merkwürdigen vierten Novembermittag nicht an die DDR, ich dachte nicht an »unser Land« und auch an Deutschland nicht; ich dachte nur an mich. Unvergessen, wie da ein weißes Sportflugzeug hoch über den Massen kreiste und wie es in mir sprach: Macht doch endlich die Mauer auf.

5.

Die DDR war ein Kindheitsparadies. Egal, wohin ich schaue, egal, wohin ich lausche: Der liebe Gott, der liebe Nachbar oder der brave Schutzmann waren immer schon da. Diese Spiegelung ist kein Zufall, sie ist nicht einmal ein Irrtum: Die DDR war ein Kindheitsparadies, recht eigentlich konnte sie nie etwas anderes sein. Der Staat behandelte seine Bürger als Mündel. Dem organisierten Kind, und ich war ein glückliches, mangelte es dabei nicht an äußeren Reizen: Immer war da etwas los, ging es in die Welt hinein oder auf die wimpelgeschmückte Straße hinaus. Immer war Erster Mai, immer Kirchentag, und ein buttergelber Frieden lag über allem. Das Kind geht unangetastet durch die Welt, es schöpft aus sich selbst, es ist ja immer bei sich. Erst wer sich selbst verlassen musste, um neue und anregendere Reize zu empfangen, der war aufgeschmissen in der DDR, dem eröffneten sich die Untiefen, die filzigen Probleme. Das Kindliche entpuppte sich als kindisch, als plappernde grabschende Dummheit. Der volkspädagogische Daumen drückte, der Zeigefinger schlug aus. Egal, ob man das »Sandmännchen«, die »Aktuelle Kamera« (Wer tat das freiwillig?) oder später in die Lesung eines irgendwie wichtigen, längst westreisenden DDR-Schriftstellers schaute.

Zimmerfluchten und Schulflure, Häuser und Halden: Wie das zurückleuchtet »aus der Heimat hinter den Blitzen rot...« (Eichendorff). Es konnte, wer im Kokon seiner Kopfdinge versponnen war, leichtfüßig und entdeckungsschwer durch die verlassenen Landschaften reisen. Das alles gehörte uns, weil es kaum noch jemand wirklich brauchte: Wiesen, Äcker und Felder, die Ruinen und Baumhütten, Jahreszeiten, unter deren schweren Wolken wir saßen, kleine begeisterte Menschen im kleinschreibenden Hochmut. Es gab alles, was so ein Kinderkopfherz benötigte: das Geheimnis, das Wünschenswerte, das Offene. Das Offene war die Gegenwart, das Wünschenswerte der Westen und das Zwinkern der

Schönheit zwischen den Dingen. Geheimnisvoll war die dunkle hinter der hellen Zeit. Alles war noch da: die wie fluchtartig verlassenen Orte, die notdürftig gesicherten Ruinen, Trümmerberge, in denen sich nicht allein in Berlin Residenzschloss-Reste sammelten. Der Nachkrieg war im Osten erst mit der DDR am Ende. Mein Dessauer Elternhaus, ein nach 1945 notdürftig zusammengeflicktes Junkers-Mehrfamilienreihenhaus, grenzte links und rechts an Ruinen, Häuserstümpfe, aus denen die Brombeerhecken wallten, wilde Wohngruben, die DDR auf Sand gebaut. Unser Haus war in solcher Eile neu zusammengesetzt worden, dass ihm ein zarter Hammerschlag gefährlich werden konnte. Ich meinte, nachts den Sand unter dem Putz rieseln zu hören, von ausgreifendem Efeu festgetackert. Das Stochern im Nachlass war ein Abenteuer. Es war dann aber doch in den Ruinenstümpfen kein Skelett zu finden, kein Wehrmachtshelm, höchstens das: ein krummer Löffel, ein schwarzer Topf – der wahre im romantischen Krieg.

Wetterspuren des Sozialen, die die offizielle Gesellschaft in eine melancholische Farbe tauchten. Die Gesellschaft ordnete sich horizontal nach ihren Mahlzeiten und vertikal in ein offizielles Oben und ein gedecktes Unten: die anderen Gesichter, die anderen Geschichten. In meiner Dessauer Schule, einem Kasernenbau aus den 30er Jahren, waltete vom Erdgeschoss aufwärts die wandzeitungsbunte Deutsche Demokratische Republik, in den Kellern aber wirkten jene alten Männer, die in graublauen Kitteln »Werken« unterrichteten, ein Fach, das einen Vorblick auf die Ödnis des sozialistischen Werkalltags ermöglichte. In diesen Kellern, die die Aufschriften der Wehrmacht noch zeigten, gingen die alten Herren um und erzählten, wie losgelöst vom Gespräch über Tage, ihre Kriegs- und Vorkriegsgeschichten. Ich wollte nie nach Musterbögen hämmern und kleben, sondern eigentlich und im besten Fall nur diese Geschichtchen hören. Sturzkampfflieger-Erinnerungen: wie unser Redner da einmal abgeschossen am Boden lag, dieses und jenes Körperteil zertrümmert, und er die Zunge durch einen Riss in der linken Wange stecken konnte. Die Zunge durch die Wange stecken können, daran durfte man denken, während man selbst ein kreisrundes Loch von zehn Zentimetern Durchmesser in ein Aluminiumblech erst bohren, dann feilen musste. Zu seinen Geburtstagen wollte sich dieser Held der polytechnischen Bildung nicht gratulieren lassen: er verdiene das nicht. Solche Haltungen verblüfften, sie boten den Vorschein dessen, was in den oberen Etagen verborgen wurde, wo doch kein Anlass als zu gering galt, um sich selbst öffentlich zu beglückwünschen. Oben liefen die Veteranen des antifaschistischen Kampfes über die gekachelten Flure, unten gingen die alten Burschen in ihren Kellern auf hohe bündische Fahrt. Die von Pfadfinderfahrten in Ostpreußen erzählten, von abgehängten Hitlerjugend-Häschern, Stunden an ostelbischen Kaminen, Rendezvous auf Gutshöfen. Kellerkinderfunk.

Kinder leben einen entscheidenden Millimeter neben den Realitäten der Erwachsenen. Wer mit dem Erwachsenenauge auf seine eigene Kindheit zurückblickt, wird diesen Millimeter nicht überbrücken können, nur das ist einzufangen: eine Farbe, ein Ton, eine soziale Temperatur. Meine Kindheitswelt war so überschaubar wie jene Städte und Landschaften, die wir im Unterricht aus Papierbastelbögen schnitten. Die reale Stadt, in der ich lebte, erschien mir als eine Musterstadt: die Geschäfte und die Dinge, die sie zeigten; die echten Karpfen im Wasser, die Milch in großen Kannen. Es gab die Schule und den Hort, die Kinderzimmer und die Kirchenräume. Es waren dieselben Straßen, die das alles verbanden: in der Schule die Lichtbilder vom Roten Platz, in der Christenlehre von leprakranken Kindern in Tansania. Es war so einfach, sich in der DDR als ein anderer zu erleben, auch ohne das andere sein zu lassen, wenn man das eine tat. Ich kannte kein Kind, das kein Jungpionier werden wollte. Dieser Vorschultagtraum hat sich erhalten: wie ich in kleinkarierter Hose und Weste über dem weißem

Hemd, auf dem das blaue Halstuch liegt, durch die Straßen ziehe, ein stolzes dickes Kind auf Linie. Thälmann aber war kein Kumpel, sondern eine Haltung, die dazu aufrief, Brotpakete mit den noch ärmeren Kindern zu teilen. Kaum jemand interessierte sich wirklich für die Pioniernachmittage, wie auch später nicht für die Veranstaltungen der FDJ. Jugend braucht keine Jugendbewegung. Als ich zehn Jahre alt war, zogen wir in eine größere Stadt; was Nostalgie ist, wusste ich früh, und ich gestattete sie mir in großen Dosierungen.

Wann hörte das auf? Als die lähmende in die spielerische Langeweile schoss. Mit der vierten Klasse verlor die Schule ihre Selbstverständlichkeit, die Einschwörung ins Kollektiv zog mächtig an. Mit dem Bilden von Brigaden, dem Anlegen von Heften, in denen Striche für gute oder schlechte Taten einzutragen waren, abgerechnet wurde am Ende einer Woche. Das gab es bereits im Kindergarten: Trug das Kind einen roten Farbpunkt auf der Stirn, war es ein braves, zeigte es einen blauen Punkt, hatte es Pech. Das Politische zeigte sich als Ornament des Alltags. Fronhöfe basteln, um die Ausbeutung im Mittelalter abenteuerspielplatzmäßig nachzustellen; die Geschichte flog auf einem hölzernen Zeitstrahl Richtung Kommunismus. Postkarten sendeten wir an Pinochet, die für die Freilassung von Luis Corvalan oder – in Richtung Washington adressiert – für Angela Davis stimmten. Wurde das viele Altpapier hinter der Grenze abgefangen? Auf die Forderung, die Hacks-Verse zu verlängern: »Der Herbst steht auf der Leiter / und malt die Blätter an«, ergänzte ein späterer Kollege: »Und ich, ich kämpfe weiter / für Luis Corvalan.« Ich spielte niemals Partisan, ich wollte kein Kosmonaut werden, Gagarin war mir sternschnuppe, Sigmund Jähn sowieso, der Turnbeutel gilt mir nicht als ein metaphysisches Objekt. Spielten wir Indianer, wollte ich entweder Häuptling oder Cowboy sein; war das nicht möglich, hatte ich kein Problem damit, anschauungswürdig tot umzufallen. Geschossen wurde immer.

Ich erinnere kein Schulkindglück, das den gesellschaftlichen Verhältnissen zu verdanken wäre. Kein Pioniernachmittag, keine Fach-Olympiade, keine Altstoffsammelei. Das waren Pflicht- keine Kür-Veranstaltungen, gedehnte Langeweile, Zumutungen, denen sehr oft etwas Manöverhaftes anhing – vorbereiten, zubereiten, nachbereiten. Das Politische legte sich wie Spinnennetz über alle Aktionen im Bannkreis der Schule, der der Zirkel des Staates war. Das Politische in seiner Schrumpfform: der Linie hier, den Abweichungen dort, das »entweder« hier, das »oder« dort. Nicht handeln sollte der brav organisierte Nebenmensch, sondern sich wie bewusstlos verhalten. Darin war die DDR-Verwaltung Meister: Probleme aller Art als Selbstanfragen zurückzuwerfen, ein Schuldbewusstsein zu erzeugen in jedem Fall, denn immer sollte irgendetwas zurückgegeben werden, das man nicht verlangt hatte: die Jahre an der Schule zum Beispiel oder ein Studium, das man – in der Regel – nicht selbst hat wählen können. Das Wichtigtuerische und Auszählende wurde trainiert, das Doppelzüngige ohnehin. Den zahllosen Wettbewerben und Festen der Selbstkritik eignete etwas tendenziell Entsolidarisierendes, hier wurde auf Strebertum und Opportunismus hin geformt. Der letzten DDR-Generation, den in den 60er Jahren Geborenen, hatten die Lautsprecher nichts mehr zu bieten, sie gaben sich auch keine Mühe mehr, irgendetwas bieten zu müssen. Da gab es nichts mehr mitzugeben, mitzunehmen auch nicht.

Nichts als Vertellchens. Das Stroh will als Gold blenden. Wie kommt man da raus, will man dort fort? Die Kinder der DDR-Funktionselite schreiben ihre Erinnerungen: Endlich können sie öffentlich so entschlossen aufrechnen, wie sie vor 1989 entschlossen mitgelaufen sind; jederzeit Avantgarde-bereit. Das Persönliche läuft ins Private, das Politische ins Spekulative. Warum ist mir die Lektüre von Ost-Erinnerungsliteratur fast durchweg unerträglich, die von feuilletonistischen Ost-Reflexionen ohnehin? Weil ich nicht vorkomme? Weil das Ich ein

Spektrum ist, das sich allein durch eine Haltung in Fasson bringt? Weil die fröhliche Erinnerungsliteratur auch nur eine Variante der DDR-Bekenntnisliteratur von vor 1989 ist? Weil es unanständig ist, im ersten Drittel des Lebens öffentlich in die Hölderlin-Kurve einzubiegen: »Mit gelben Birnen hänget / Und voll mit wilden Rosen / Das Land in den See«? Weil die Rückschauschreiber sich selbst in ihrem Gehäuse verklumpen, statt tausendundein Fenster zu öffnen? Weil Bäume besungen werden, wo ein Wald sichtbar gemacht werden müsste? Weil sich Belletristik als Sachliteratur verkleidet und zwischen den Zeilen auf die metaphysische Tube drückt? Jenes Christa Wolfs Roman »Nachdenken über Christa T.« vorangestellte Johannes R. Becher-Motto galt mir stets als fragwürdig: »Was ist das: Dieses Zu-sich-selber-Kommen des Menschen?«. Was soll das denn sein, ein Zu-sich-selber-kommen? Als wäre ein Ich ohne die Differenz, die es beklagt, überhaupt als ein Ich zu haben? An dieser Frage arbeitete sich ein Großteil der DDR-Intelligenz fort hinein in eine schattenverhangene, tendenziell privatistische Romantik. Auch das ist eine Nach-DDR-Erkenntnis: Nimm den Notausgang dort, wo die Rede von »Identität« anhebt. Die DDR-Literatur suchte ein Selbst, wo ein System zu zeigen gewesen wäre. Das Zu-sich-selber-kommen ist ein aus den Verhältnissen treten.

Die Mitte der 90er Jahre beworbene »DDR-Identität« gehört zu den merkwürdigsten psychischen Phänomen der Nachwendegesellschaft. Wie die Ostalgie zeigt die »DDR-Identität« ein Doppelgesicht: Das eine schaut von Westen, das andere von Osten her auf die Menschen, die aus der DDR-Konkursmasse ins Licht der Ämter und Talk-Shows traten. Die erst nach 1989 öffentlich verhandelten DDR-Erfahrungen setzten die Staatsgesellschaft Ost auf die Tagesordnung – nicht aus einer Sehnsucht, sondern aus einem Bedürfnis nach Selbstklärung heraus. Hier wäre von einer »DDR-Identität«, die es in der DDR ja nicht gegeben hat, als Chiffre für ein öffentliches Bedürfnis nach Seelsorge zu sprechen. Indes kommt das Schlagwort den Funktionären des Ostens und des Westens gerade recht, jenen Wende-Akteuren also, die nicht an Gesprächen, sondern an zupackenden Vereinnahmungen ein Interesse haben. Von den Pokerfaces des Ostens wurde der »Gelernte Ostler« erfunden, der stets dann aufgerufen wird, wenn sich die Funktionäre selbst im grellen Licht der Anfragen finden. Stasi? Willkür? SED? Wir, suggeriert das Pokerface-Ost, seien doch alle grau gewesen: gleich verstrickt, gleich korrumpiert. Die Ost-Anfrage wird, bevor sie den jeweils einzelnen Ostler treffen kann, flugs in eine West-Attacke umgewidmet. »DDR-Identität« dient hier als ein Kampfbegriff, der den Ostler nach Tisch vereinnahmt, in dem er ihn zynisch ankumpelt und auf den Affekt des Mitleids setzt. Der Osten soll sich selbst nicht kenntlich werden: zum Beispiel darin, dass man sich in der DDR jederzeit für das, was man tat, entscheiden konnte und musste – man hatte Gründe. Allein der Westen hat an einer Ost-Ost-Debatte kein Interesse; er scheut sie, weil die Binnen-Spiegelung einer Staatsgesellschaft nicht ohne Rückwirkung auf die eigene Verfasstheit bleiben würde. So entsteht das Ost-Volk, das Ärmel abkrempelnd nach vorne schauen soll, um sich von fremder Hand blühende Landschaften bescheren zu lassen, Gehorsam und Dankbarkeit stets vorausgesetzt. Die ersten Schlussstrich-Forderungen im Blick auf die DDR kamen denn auch von Westen her, die ersten pauschalen Vergebungen auch. Im Jammer-Ossi fand die West-Arroganz ihre Maske..

Ansichtssachen, Potsdam, Januar 2004. Mit dem Taxi vom Zentrum aus zur Glienicker Brücke. Schräger, aufgeblasener Regen, der gegen Kolonnaden und Bogenlampen drischt. Die Brücke, an grünen Stahlträgern über die Wasser gehängt, links der Jungfernsee, rechts die Glienicker Lake, ein tiefergelegtes Wellenbad, stahlgrau. Preußen im Busch: die Heilandskirche Sacrow, Schloss Glienicke, die Große Neugierde davor, eine Rotunde, klassizistisch überdacht. Was das Brandenburger Tor in Berlin-Mitte, war diese Brücke vom DDR-Ufer her, das hier geografisch der Westen ist, Ausguck und Auslauf einst für ein jeweils elegisches Geschwollensein – über die Mauer, den Schlagbaum, die Endstation Sehnsucht hinweg. Verschwunden ist das alles, nicht rückrufbar. Der Verkehr schießt von Berlin nach Potsdam und retour über die Reichsstraße 1 hinweg, die Aachen mit Königsberg verband. Kein Ding ist hier Denkmal, sondern der Betrachter, der zeitzugewandt die Seelandschaft scannt. Fotos, die Agenten zeigen – Männer unter Pelzmützen, die auf der Mitte der Brücke Fahrzeuge wechseln. Straßen als Welttheater, lächerlich im Rückblick. Wie anders der November 1989: Osterspaziergänge im Spätherbst, Paddelboote in Nähe des Ufers, wo eiserne Bodengitter mit aufgesetzten Dornen lagerten. Dieses Areal ist meine Übergangslandschaft, historisch und physisch, jedes Passieren ein wie schlafwandlerisches Fest, vom stillgelegten Potsdamer Rand aus, die Königsstraße entlang, zum Wannsee hin und über Berlins Westen hinein nach Osten, der sich verwandelte mit jedem von Westen her ausgreifenden Schritt. Senfgelbe Sandwege heute, wo die Mauer stand, durch Westgeld instandbesetzte Ostvillen, Hochkomfortbunker und Rassehunde, die mit fliegendem Fell durch den Regen wischen. Von der Leine gelassene Landschaft, Erinnerung, die keine Leinen findet: nur die Schönheit der Zwischenzeit, frühlingshaft flirrend, die Große Neugierde am Rand.

Der sich erinnert, redet in Zungen, den sehr verschieden tönenden Lautsprechern sehr verschiedener Lebensphasen. Stets ist das gleichzeitig vorhanden: Was war, was ist, was sein wird. Es gibt nicht eine Zeit. Nicht eine Gegenwart. Es sind die Generationen der um 1900, 1920, 1940 und um 1960 Geborenen, die das große Gerede in Sachen DDR bestimmen. Um Prägungen geht es am Anfang, um Haltungen mittendrin. So wie der Einzelne sich aus Einzelnen zusammensetzt, fügt sich die DDR zusammen: aus verflossenen Erwartungen und

Niederlagen, aus selbst- und ferngesteuerten Entscheidungen. Dabei ist ein Reden in der Summe möglich, eines, das sich nicht aufspielt, nicht selbstentzückt in die Hände klatscht. Am Ende solcher Rede steht dieser eine Satz: Der Staat DDR ist zu Recht verschwunden. Was dagegen hält: das Reden hinter Masken, der hohe Gesang. Der Gestus der veröffentlichten Erinnerung entspricht sehr genau dem Verhältnis des jeweils Sprechenden zu den Menschen, die er umgarnt: der Vereinnahmer, der Prahlhans, der Verdunkler.

6.

Die Heimat hat sich schön gemacht. Wo die DDR-Kader nicht vom Herzen reden konnten, sangen sie von Heimat, die den anderen blühen sollte. Kein Ortsflecken, kein Menschenwerk, keine Haltung, die nicht propagandistisch von »Heimat« durchtränkt werden musste. Dabei fand die offziöse Heimat-Erbauung nicht allein ihre Ursache in der herkunftsfreien Luftwurzelei des Staates DDR, die also zwangsläufig einen Rennsteig oder das Erzgebirge als emotionalen Laufstall hätte entdecken müssen. Die Staatsgesellschaft scheute sich vor jedwedem selbstbewussten Regionalismus. »Heimat« meinte etwas anderes: nicht Landschaften erfahren, nicht Herkunft begreifen, sondern den Bürger in seiner Kindheit halten. Heimat war das handliche Setting der Staatsgesellschaft: war Mutter, Vater, Kind und die sie fürsorglich umschließenden Institutionen vom Oberförster bis hin zum Volkspolizisten von nebenan. Heimat waren eben nicht nur die Städte und Dörfer, wie die Rotkehlchen sangen. Heimat war ein Dankbarkeitsanlass, die kollektive Kuhle. Das Kinderland aus dem niemand, noch wenn er der DDR nicht gut gesonnen war, vertrieben werden konnte – das Rest-Gute, die Nest-Rute. Wie man sich selbst die Flötentöne beibrachte, noch stets eine kleine Träne im Kopfloch: »Spaniens Himmel« (die antifaschistische Kindheit), »Auferstanden aus Ruinen« (die DDR-deutsche Kindheit), Biermanns Flori-Have-Lied (die Kindheit der DDR-Dissidenz) und immer wieder die DDR-Pop-Kindheit von Manfred Krug bis Holger Biege. Die DDR fürchtete Heimaten, die nicht ideologisch staubgesaugt waren. Heimat sollte nützlich sein, es sollte ein Ganzes hinter dem Einzelnen vergessen machen: Stadt statt Landschaft, Staat statt Welt. »Meine Heimat DDR!« Unvergessen die Lehrer-Appelle: wozu man sich denn hin nach Westen sehnen müsse, wenn die Heimat doch so schön sei. Dass der, der seine nähere Umgebung nicht kennt, kein Recht besitze, das Fernliegende zu vermissen. Staatsheimatdienst. Heute blühen die Landschaften und das Naheliegende liegt fern.

Die Staatsgesellschaft DDR schwamm in Langeweile, sie reproduzierte sie endlos aus all ihren Organen und erzeugte deren Folgezustände: den Missmut und die Anmaßung. Im Phlegma und einer aggressiven Pampigkeit zeigte die Langeweile ihr soziales Gesicht. Im Grau, das als Putz und stinkender Himmel das Land überzog. In der Blässe eines jedes Gedankens, der sich strecken musste, um veröffentlicht zu werden. In einer Aufklärung, die das Volk als Mündel begriff und sich selbst einen spießigen Aristokratismus gestattete. In der schwammigen Poesie einer nur schwammig begriffenen Lage. Im Verharren überhaupt: im Warten, im Verschieben, im biografischen Schlange stehen. In der großen Unterforderung, die überall herrschte: Die Menschen lebten über ihre Verhältnisse, aber immer unter ihren Möglichkeiten. Kaum etwas war wahrer als die Langeweile, die sich ihr ambulantes Mahnmal in Grüppchen von drei, vier Personen schuf, die tatenlos und in hängender Haltung in der Stadtlandschaft standen. Rauchen, um die kleine Pause, die der Ausdruck der großen war, zu überbrücken. Raucherinseln, Stehergrüppchen, das wären die Figuren für ein von mir favorisiertes DDR-Denkmal: die große Pause.

»Langeweile ist Hunger – oder asthenischer Mangel«, sagt Novalis. In dieser Lesart war die Staatsgesellschaft DDR eine hungrige. Der romantisch Gelangweilte weiß nicht, wonach er sucht, seine Langeweile ist so unbestimmt wie seine Sehnsucht. Sie beruht auf einer Sehnsuchtsspannung, die nicht auflösbar ist, weil ihr Fluchtpunkt nicht außerhalb des Individuums, sondern in diesem selbst begründet liegt. So wie sich die Frage »Wer bin ich?« nur dem stellt, der sich seiner selbst nicht sicher ist. Die Wer-bin-ich-Frage zieht sich quer durch die DDR-Literaturgeschichte. Von Becher über Fühmann, Wolf und Braun bis hin zu Lutz Seiler, geboren in Gera, aufgewachsen zwischen den Uran-Abhalden Ostthüringens, der in seinem Gedicht »mein jahrgang, dreiundsechzig, jene« Pausen-Verse liefert wie: »über den bänken & mittags / das schlagwerk der löffel, wir hatten // den tischdienst, den milchdienst, den druck / einer leerkraft in den augen gelee / in den ohren bis/ sie verstummte / die schwerkraft verstummte...« Wo eine Gesellschaft sich nicht vom Fleck bewegt, drehen deren Imaginations-Apparate durch, Subjekt-Objekt-Verwechslungen sind garantiert.

Mit dem Verschwinden der DDR strahlen viele ihrer Zeugnisse eine Lebendigkeit ab, die sie ursprünglich nicht besaßen. Warum zum Beispiel ist der Essayist und Dramatiker Peter Hacks ein Dichter, dessen Schriften heute in einem Maße von unterhaltendem Interesse sein können, wie sie es unter den Bedingungen der DDR nicht gewesen sind? Weil die Literatur in ihrem Umfeld einen tätigen Mitarbeiter findet; in der DDR veröffentlichte Spottzeilen auf Biermann waren vor 1989 etwas anderes als danach. Eine Haltung, die sich grundsätzlich einverstanden erklärt mit den herrschenden Verhältnissen, ruft eine andere Wirkung unter Bedingungen auf, in denen diese Verhältnisse als grundsätzlich abschaffungswürdig gelten. Hacks hatte sich in der DDR stets so verhalten, als gäbe es die DDR nicht. Hacks war ein Besserwessi, der den Ostlern heimzuleuchten suchte in eine Situation, für die sie sich – im Gegensatz zu ihm, der 1955 von München her nach Ostberlin einreiste – nicht hatten entscheiden dürfen. Das hat die Hacks-Lektüre mit der DDR-Erfahrung gemeinsam: Vor 1989 setzte sie Verdruss, nach 1989 ein Erlebnis von Freiheit frei.

Dass die DDR eine idealistische Diktatur gewesen sei, gilt heute als rettende Formel; allein Ideen flaggte auch das »Dritte Reich«: Rasse statt Klasse. Wer ohne Sichtblenden auf die Zwangsstaaten schaut, muss feststellen: Hitlers »Volksstaat« war eine Zustimmungsdiktatur, Honeckers Schmalland ein Abstimmungs-Friedhof von Anfang an. Als »idealistische Diktatur« erschien das, was in der DDR geschah, doch höchstens im Lichtkegel staatsnaher Schreibtischlampen. Mit einigem Mutwillen ließe sich der jüngere Schiller gut in einem Paternoster einer DDR-Kulturinstitution vorstellen: das rote Haar in den Nacken gekämmt, das Revers blank, unterm Arm die neuesten Direktiven zur Erziehung des Menschengeschlechts, Vorschläge zur Erhebung des lebenden zum erlebenden Zeitgenossen vielleicht, voranzutreiben durch eine »totale Revolution in seiner ganzen Empfindungsweise«. Allein Schiller, dem die Freiheit und das Spiel alles und die Volksmassen fast nichts waren, wäre sehr schnell gescheitert im Staate DDR, auch wenn Ulbricht seine kurze Freude gezeigt hätte an dem, den er vielleicht einen »Jungen Hüpfer« genannt hätte. Man wusste ja stets, dass man auf solcherart Personal, das den Sprung vom »idealen« zum »realen« Humanismus nicht vollziehen wollte, nicht bauen konnte. Aber Schillers Klang klang gut, der Gestus seiner Ansprache, Furor und Feuer, das ist in zahllosen Welterrettungskunstwerken der DDR nachweisbar. Schiller nahm die Kunst so ernst wie Kurt Hager. Wie Caroline Böhmer-Schelling 1799 beim Vorlesen der Schillerschen Glocke lachend vom Stuhl fiel, schüttelte es jeden geschulterten Leser beim Vortrag der offiziellen DDR-Hitparaden-Literatur. Das lautstarke »Es sei!« war der Gesang der Posenprosa. Die Existenz in der Möglichkeitsform, die sich irgendwann einmal so richtig entfalten werde (aber dann!), hielt die Staatsgesellschaft auf Trab – und auf dem jeweils neuen Kurs der Sympathie der Intellektuellen in West und Ost.

Es wurde in der DDR nicht mit Genauigkeit miteinander geredet. Das verlogene Ethos des Staates arbeitete einer Indifferenz im Umgang seiner Bürger zu. Verneinen setzte hier kein Bejahen frei: Alles blieb offen, das nur Angedeutete feierte seine Feste. Man war sich einig, ohne sich auseinanderzusetzen. Derjenige, der nicht »dafür« war, hatte noch längst kein »dagegen«. Die Häschen-Frage: Wie ist der oder die denn politisch? gehörte zum umgangssprachlichen Standard. Wie hätte man diese Frage mit Genauigkeit beantworten können? Eine kalkulierte Unklarheit hielt Autoren und Leser »zwischen den Zeilen«. Dort herrschte ein Reden hinter antikischen, romantischen und revoluzzerhaften Masken, Camouflage statt Klartext. Die Vagheit der Optionen, die Unschärfe der Kritik, das Herabhängen der Erwartungshorizonte, all das waren Mittel der Einübung in den Alltag des Staates DDR. Die Unklarheit von unten, die im »Jein« der Leute ihren Ausdruck fand, arbeitete der Unklarheit von oben passgerecht zu, dem zynischen »Vielleicht« der Administration. Jede dieser Sphären bildete ihr Geschwätz aus; man interessierte sich nicht anders füreinander, als dass man sich gegenseitig beobachtete.

Sag: Schönheit. Ja auch. Sag: Freiheit. Ja auch. Schön war, was fehlte im Staatsgalopp. Das Gegenleben, das ein Leben war, die auftrommelnde Heiterkeit, der klügere Mut. Was davon ist dem Staat DDR anzurechnen, außer dass dieser seine Bürger in einer wie unendlich verlängerten Jugend hielt? In einem Versprechen, das geplättet wurde irgendwann durch ein bloßes Anhäufen von Zeit? In der Verlängerung dieses Zustandes gleicht der Nach- dem Vorwende-Osten. Freiheit: ja auch. Freiheit in den Farben der DDR, das war Freiheit als Müßig- und Musengang, die große negative Freizeit. Es gab ja für den, der wusste, was ihm die politischen Dinge zu bedeuten hatten, große Auslaufräume, allein es waren Ausläufe im Kreis, Abendsonnengänge. Es zogen nicht die Gewichte des Geldes (man brauchte nicht viel), nicht die einer Karriere (sie wäre nie echt gewesen und der Preis zu hoch) oder die der veröffentlichten Politik. Freiheit von dirigierten Horizonten, von Abhängigkeiten, von Entscheidungen für oder gegen einen Staat, der einen – außer dass er einem zusetzen konnte – nichts anging. Es zählten Haltungen, Urteile, Begabungen, es zählten und zehrten die Entwürfe und Sehnsüchte. Das fast alles von dem, was als erstrebenswert galt, real in diesem Staat nicht zu haben war, führte zu einer Langmut, die die Ostseelen eindunkelt bis heute – kollektive Melancholie. Die Freiheit zur Freizeit ohne Ziel braucht das Individuum nicht; nicht zufällig hatte die Selbstmordrate der DDR Weltniveau.

Im DDR-Alltag kam kein Weltgeist zu sich, nur immer wieder die Hausgemeinschaft, die Brigade, der letzthin verpflichtende Trupp. Im Inneren der Staatsgesellschaft zeigte sich ein zupackend nichtidealistischer Staat: Keine Kathedrale strahlte hier auf, sondern die Kaserne als Freizeitpark. Das Leben, sofern es von sich selbst einen Entwurf hatte, floss im Ausschließungsverfahren dahin: Entscheidungen traf man nicht, indem man sich für, sondern gegen etwas entschied, so schob sich das Leben fort. In der Anmaßung gegenüber dem Einzelnen fand die Staatsgesellschaft ihre natürliche Umgangsform. Die Frechheit im Umgang mit Abhängigen war garantiert. Erinnert wird der herrisch maulige Umgangston fast nur noch als Ornament der »Hier werden Sie platziert«-Gastronomie oder in dem auf Revierförster-Komik zurückgeschnurrten Abschnittsbevollmächtigten der Volkspolizei.

Der erste Diener des Staates war nicht der so genannte Staatsdiener, sondern der DDR-Bürger: Sah er deshalb immer so gestresst aus? Leistungen waren von unten nach oben zu erbringen, nicht umgekehrt. Gehorsam war die Grundtugend der servilen Servicegesellschaft. Wie sehr der als selbstverständlich vorausgesetzt wurde, zeigt mir eine Mitschrift aus der elften Klasse. Festgehalten wird der Originalton meines Klassenlehrers, einer Fachkraft für Russisch und ideologischen Krawall, in diesem Fall ein kleines Donnerwetter aus Anlass mangelnder Beteiligung an einem Kegelabend. So ging das ab: »Auch der Kegelabend ist eine politische Maßnahme! Er dient der Festigung des Kollektivs, der Stärkung der DDR. Und wenn an diesem Abend nur sechzig Prozent, die politisch bewussten Jungen und Mädchen dieser Klasse, erscheinen, dann dokumentiert doch der Rest eine politische Haltung. Wahrscheinlich denken die ja, das ist mir zu popelig. Solche Kanaken! Man ist sich zu fein. Aber Leute, hier geht es um die Stärkung des Kollektivs! Wir werden diese Veranstaltung in der ersten Dekade des folgenden Schuljahres nachholen, notieren Sie sich das sofort, nachholen!« Kollektiv, DDR, Kanaken. Stimmenschotter Ost. Wer von diesem Staat nichts wissen wollte, der zog aufs Land oder unter die Leselampe.

Phantomschmerz Ost. Es gehörte zu den Perfidien des DDR-Systems, dass es stets darauf zielte, die Wirklichkeit gegen ihren Betrachter zu wenden. Nicht das System galt als kaputt, sondern der Einzelne, der jeweils auf das Kaputte verwies. Warum sachlich, wenn es persönlich geht? Diese Formel galt immer. Wo bleibt das Positive?, fragte eine andere Phrase und irgendwann sah sich ein jeder gezwungen, sich so ein Rest-Positives zu suchen – in Personen, Traditionen, Welt- und Kunst-Zitaten. »Es ist nicht alles schlecht«: Diese Formel war recht eigentlich bereits vor 1989 im Schwange, teilweise mit einem identischen Repertoire an Erklärungs-Requisiten. Vor 1989 dabei: das Fünf-Pfennig-Brötchen, die 15-Pfennig-Straßenbahnfahrt, die Billig-

Mieten und Honecker auch (saß ja bei den Nazis im Zuchthaus), neu hinzugekommen sind nach 1989: das Sandmännchen, die NVA und alle Konsumprodukte, die nicht Milch oder Weißkohl waren. Am Ende blieb vor allem das: das Nichtgelebte, das Nur-Gehoffte, das Wirklich-Geleistete. Der so genannte Osten ist eine Summe aus all diesen Zuständen; da darf einem schon mal etwas schwindlig werden.

Ansichtssachen, Halle, Dezember 2003. Das Thalia Theater zeigt Einar Schleefs »Totentrompeten« in der Regie von Frieder Venus. Die Szene: Sangerhausen Ende der 70er Jahre. Oder Jahrzehnte danach? Totentrompeten sind Pilze, braun, bläulich oder violett in der Farbe; sie sehen giftig aus, sind dafür aber sehr genießbar. Wie Trude, Lotte und Elly: drei Frauen um die 60 und ihre quietschende Sehnsucht, das eigene Leben am Leben zu erhalten. Das Stück hat einiges mit der DDR, sehr viel aber mit einer Selbstbehauptung zu tun, die nicht aussetzt, nur weil die äußeren Verhältnisse in ihrer Entwicklung aussetzen. »Wie die Fliegen am Leim festgeklebt. Zappeln, zappeln.« Elly trägt das Herz auf der Zunge, Trude in der Tasche und Lotte lässt es schlagen, wie es will – sie hat sich für den Weg in die Psychiatrie entschieden, die letzte gesellschaftlich sanktionierte Freiheit. Das Stück: aneinander vorbei schiebende Monologe, die in sich selbst Dialogkraft entfalten, so sehr arbeitet die Syntax mit Brechungen, Fügungen. Das ist schwer lesbar, aber spielbar in jedem Fall. Nach Moskau geht die Sehnsucht, der alte Tschechow-Ruf. Ins rote Blaue also, die letzte vom staatlichen Reisebüro gestattete Fremde. Was diese Drei dort suchen? Was Elly sagt: »Moskau. Schreis Abend und Morgen, keiner hält mich auf, ich will raus und draußen verrecken, egal wo egal mit wem, hier werde ich niemals sterben.«

Die Gesellschaft der DDR war eine Gesellschaft ohne Erfahrung, sagt der Ostberliner Soziologe Klaus Wolfram; von einer Gesellschaft im bürgerlichen Sinne ist ohnehin nicht zu reden. Der Staat administrierte in den Alltag hinein, er schuf sich seine Agenturen in allen Bereichen des öffentlichen Lebens. Es gab eine Staats-Gesellschaft, die wirkte von oben, und viele Miniatur-Gesellschaften, die wirkten von unten her; eine Klammer der Selbstwahrnehmungen existierte nicht, ja sie war ausdrücklich nicht erwünscht. Die Kulissenrepublik war sich selber fremd: Die fortwährende Simulation von Friede, Freude, Eierkuchen erzeugte Selbstsuggestionen in Serie vom besseren, wahren oder leistungsfähigeren Deutschland. Die wie nebenher lebenden Milieus blieben einander fremd. Das Restbürgertum schrumpfte rasant und verlor seine öffentliche Präsenz, an den Hochschulen übernahmen andere. Nicht selten wurden Qualifikationen verliehen, die unter den Bedingungen eines freien Wettbewerbs um Klassen hätten zurückgestuft werden müssen. Allein es war erstaunlich, wie sich trotz alledem einige überkommene Milieus konservierten: auch solche des Adels – man musste nur die Türen kennen. Was fehlte, war das: die öffentlich verhandelte Erfahrung, eine Wahrnehmung, die benannte statt überredete.

In der Belletristik schnappte das Erfahrene nach Licht, von der Zensurbehörde gedeckelt. Nicht allein die Tatsache, dass in der DDR viele Bücher gekauft und Autoren wie Volksfürsten verehrt wurden, verdankt sich dem öffentlichen Reflexions-Vakuum, sondern auch der Umstand, dass in diesem Staat wie am Fließband gedichtet, geklampft und gemalt wurde. Wieviel natürlicher Verstand erlebte sich selbst wie unter höheren Weihen, wieviel Leben wurde solcherart auf eine Bahn gesetzt, das den Sprung vom Kind- zum Erwachsenen-Ich nicht vollziehen sollte? Das Fehlen einer öffentlich verhandelten Selbstwahrnehmung vor 1989 erklärt auch die Konjunktur der DDR-Reflexionsliteratur bis in unsere Tage. Nicht, wie oft zu hören war, die DDR entstand nach 1989, sondern die Erfahrung reiste nach.

Nicht Erinnerung, Erfahrung ist das, was zählt, das, was prägt. Erinnerung ist Taschenspiel, Erfahrung der Klumpen Blei in der Tasche. Erinnerungen verändern sich je nach Wetterlage, das Erfahrene schleppt ein jeder mit. Erinnerung speist sich aus Ereignissen, Erfahrung aus Erlebnissen, die zu einem wie blitzhaften Begreifen führen können. Das Behaupten der Erfahrung gegen die ideologische Ertüchtigung war ein Grundthema der DDR-Literatur; es blieb ein Thema der Ost-Reflexions-Publizistik nach 1989, die sich sehr oft gegen als Urteile verkleidete Vorurteile in Stellung brachte. Noch die Nach-89er-Zonophobie-Anfälle von einst allein SED-kritischen Schriftstellern waren Selbsterfahrungs-Turbulenzen: Jene, die klagten, meinten sich selbst und prügelten das Volk.

7.

Ohne die BRD hätte die DDR ihre ideologischen Esel nicht auf Trab halten können, umgekehrt galt dasselbe – und es gilt fort bis heute. Es gab für die DDR keine andere Legitimation als jene, die sich gegen den Westen ins Verhältnis setzte. Wer sich im Westen gegen den Westen positionierte, dem galt die DDR als das andere, bessere Deutschland, in dem aber besser die anderen leben sollten. Der Westen, das war die Leinwand, vor der sich jeder Ost-Alltag inszenierte. Weltformat meinte in der DDR Westformat. Noch eine so geringe Entscheidung wie jene, die »Aktuelle Kamera« täglich um halb acht zu senden, hatte ihre Westherkunft: Um acht sendete die Hamburger »Tagesschau«. Im Sozialen, Administrativen und Seelischen pappten die Gesellschaften aneinander. Der hausväterliche Aufruf, dass nach 1989 zusammenwachsen müsse, was zusammengehört, war eine Sprechblase, die darüber hinwegzutäuschen hatte, dass die Kofferträger der Macht sich in den umgestülpten Ämtern und Betrieben längst wie auf einen Hundepfiff hin neu in Stellung gebracht hatten.

Es gab in der DDR keine bessere faktische und symbolische Währung als die, am Westen teilhaben zu dürfen. Im Osten waren die äußeren Reizangebote dünn gesät. Sie hießen manchmal Macht, selten Geld, sie hießen vor allem das: Differenz zum stummen dummen Volk, zum Schicksal DDR. Insofern war der Westen die härteste Währung des Ostens: das Privileg, im Osten mit dem Westen leben zu dürfen und – besser noch – im Osten ohne den Osten leben zu können. Letzteres war die Währung der Kader, Kirchenfürsten und Künstler und der mit ihnen assoziierten Intellektuellen, sofern sie sich im Raum des aufgeputzt Offiziellen bewegten. In keinen anderen Milieus war das Leben in der Möglichkeitsform so bunt, so sehr bei sich, dass derjenige, der daran teilnahm, das Gefühl haben konnte, in seine je eigene Richtung auszuschreiten. Wer zu jener einst im Privileg assoziierten Vereinigung zählte, gehörte bei Lichte betrachtet nicht mehr zu den Bürgern der DDR.

Wer die DDR verlassen durfte, lebte nicht mehr in ihr, denn er war ihr nicht mehr ausgeliefert. Was soll es bedeuten, wenn Nina Hagen, aufgewachsen im DDR-loyalen Dissidenten-Milieu, erklärt, ihr Ost-Leben wäre eine einzige Party gewesen? Das war es ja auch deshalb, weil es weit vor 1989 sein Ende fand. Es gab die Mauer von außen, die war aus Beton, es gab die Mauer von innen, die bestand in der Chance, diese Mauer überspringen zu können. Die Sottise, DDR als Abkürzung für »Der Dumme Rest« zu verstehen, war kein Zynismus von außen, sondern die nackte Wahrheit von innen. Der dumme Rest, das war das Volk, das 1989 an den Feierabenden auf die Straße schob, um zu schauen, ob es einmal tatsächlich gemeint war.

Die Mauer hielt Ost und West wie ein Reißverschluss zusammen: zu öffnen und zu schließen je nach Belieben. Die Mauer: Das war die DDR, ihr letzter Konsens, das Brett vorm Kopf. Die Macht- war immer die Mauerfrage. Man wurde ja für das Weglaufen erschossen. Die Mauer, das war auch der große graue Schwamm der Lebensenergien. Nach Innen produzierte die DDR viele kleine Mauern fort: als Kasernen, Parteischulen, Sondersiedlungen für Intellektuelle – Stefan Heyms Berlin-Stadtteil Grünau gehörte genauso dazu wie die Waldsiedlung Wandlitz für das Politbüro. Als ich 19-jährig in Löcknitz, einem Nest am Ostrand der DDR, von meinem NVA-Kasernenbett aus durch ein Fenster über den Stacheldraht hinaus auf die Horizontlinie blickte, hatte ich ein Gefühl von tatsächlicher Freiheit, weil es Freiheit auch draußen nicht gab. Weil dieser Mangel so offenkundig nicht darstellbar war, blieb die Mauer in der DDR unsichtbar – nicht fotografiert, nicht lebensecht geschildert. Zum »Antifaschistischen Schutzwall« klein- und dummgeredet. Die Mauer war peinlich: für die, die sie errichtet hatten, für die, die sie ertragen mussten. Aus diesem Verschweigen erklärt sich die verhangene Nach-89er-Mauer-Wahrnehmung: die juristisch glücklosen Schießbefehl-Prozesse als Folge des alten Datendeckelns – und das Zusammenschnurren der kollektiven Erinnerung auf die beschwipsten Szenen vom neunten November 1989. Thomas Brussigs phallische Mauer-Fall-Phantasie war eine Nachgeburt der Ohnmacht.

Um so eifriger wird alle Jahre wieder der PDS ein Mea culpa in Sachen Mauerbau abverlangt. Allein wer soll sich hier bei wem »entschuldigen«? Bei den Toten, den Gebrochenen? Man stirbt und resigniert ja noch heute an den Folgen dieser Grenze. Oder bei all jenen, die nicht mitmachten beim großen 89er Sprung nach vorn, der in vielen Jahrgängen und Milieus zumeist ein großer Sprung von West nach Ost blieb. Die Mauer war die Angst- und Sehnsuchtsschwelle, die nahezu ein jeder irgendwann einmal überspringen wollte. Wie unbedingt und allpräsent die Mauer vorhanden war, belegt heute ihr restloses Verschwinden, das im Interesse der ost-west-deutschen Funktionseliten liegt. Noch die Nach-89er-Angewohnheit, den Ostlern von Westen her zu erklären, was die DDR eigentlich gewesen sei, findet ihren Ursprung in einem schlechten Gewissen, das sich der verronnenen DDR-Konjunktur im Westen verdankt. Die prächtige Zonen-Gabi, die eine Gurke als ihre erste Banane präsentiert, ist ein spiegelverkehrtes Selbstporträt des Westlers, der seine Umarmungen von gestern im aggressiven Spott auf das Zonen-Volk zu vergessen sucht. Welche Gesellschaft war da eigentlich Bananen-fixiert? Die, in der es keine Bananen gab, oder jene, die detaillierte EU-Normen für deren Krümmungsgrad erfand?

Macht es Sinn, von Osten her allein über den Osten zu reden? Weder hatte sich der Osten nach dem Zweiten Weltkrieg für die Diktatur entschieden noch der Westen für die Demokratie. Es waren die Siegermächte, die je nach Territorialgewalt ihr jeweils hauseigenes Gesellschaftsmodell verordneten. Es hieße Geschichte zu entwirklichen, würde aus diesen Umständen den Ostlern ein Versagen angedichtet oder den Westlern ein Verdienst zugesprochen. Die DDR war eine Erziehungsdiktatur, die BRD ist eine Erziehungsdemokratie bis heute; in beiden Fällen waltet ein Misstrauen gegenüber jenem Subjekt, in dessen Namen beide Staaten regierten: dem Volk. Dass die jeweils gesetzte politische Realität ideologisch adaptiert werden musste, um sich selbst nicht als einen Spielball der Geschichte zu begreifen, resultiert aus den Zwängen der kollektiven Seelen- und Bewusstseins-Mechanik. Die zwei Nachkriegsstaaten saßen wie in einem weltanschaulichen Faradayschen Käfig fest, der das Feld der eigenen Erzählungen gegen die Wirkungsfelder der Geschichte abschottete.

Das Wahre im Falschen, das Gesunde im Kranken: Der Klischee-Westler kann sich dem Ostler nicht anders als einem Patienten nähern, als einem an Seele und Geist lahmenden Tier. Wie auch anders? Der typische Westler hat ein verborgenes, aber doch zupackend vertrauensvolles Verhältnis zu jeder Art von Norm und Autorität: Wer diese von Osten her in Frage stellt, macht sich so verdächtig, wie er im Blick der anderen immer schon aussah. Konflikte werden nicht gelöst, sondern isoliert, im Notfall hilft der Verfassungsrichter oder Apotheker. Das ist denn auch der Westen in der Wahrnehmung des Ostens: eine Neigung zur plattflotten Diagnose, armrudernde Geschwätzigkeit, die von Klassensprecherzeiten an zu allen Dingen eine goldene Meinung hat (nur mit Applaus zu unterbrechen). Eine alle Welt verhackstückende Allerwelts-Psychologie schwatzt auf, die wenig anderes ist als eine vorauseilende Rachsucht. Ätzendes Kleinbürgertum, das im Osten das Fehlen eines Bürgertums beklagt, das es im Westen noch stets verhindert hat. »Der Osten« ist die eingebildete Krankheit, an der der Westen nach 1990 auf Zeit gesunden sollte: markt- und personalpolitisch. Das hat denn auch der administrative Mainstream West mit dem des Ostens gemeinsam: Beiden gilt das Volk in der Tendenz als nicht zurechnungsfähig – im Osten prinzipiell, im Westen je nach Geschäftslage. Der Osten setzte das Volk ideologisch unter Quarantäne, der Westen ins Schaufenster des Entertainments und in das Neonlicht der Ämter. Allein, wäre der Ostler nur halb so jämmerlich gewesen, wie es ihm heute nachgesagt wird, er hätte die DDR nicht überlebt.

Anssichtssachen, Berlin-Mitte, Alex, Marx-Engels-Forum, Schlossplatz, die architektonische Festplatte der abgetretenen Republik. In diesen Orten zeigt sich die Abwesenheit ganz, die das Zentrum jenes Staates gewesen ist: die Langeweile, das Weltabgewandte, das über den Einzelnen Hinwegreden wie -bauen. Jede Autobahnraststätte ist ein zärtlicher Ort. Im Ablaufen der Eindruck, man würde durch einen sich mit jedem Schritt verlängernden Tunnel ziehen, über Plätze, die man nur passiert, um einen vor- oder nachgelagerten Ort zu erreichen. Das Marx-Engels-Forum, eine begrünte Wandzeitung, so charmant wie ein öffentlicher Wäschetrockenplatz. Die Palastscholle, ein Ruinenparkplatz; zöge da jemand eine grasende Ziege durchs Bild, wer würde sich wundern? Kulissenarchitektur Unter den Linden, in der man zu DDR-Zeiten das falsche Material knirschen hörte. Ein Schritt hinter die Fassaden zeigt die Ausläufer der Barackenkunst. Das, was mir stets sofort einleuchtete, waren die Schlusswortsätze in dieser Angelegenheit, egal von wem und woher gesprochen. Iris Hanika, 2003: »Hauptstadt der DDR, die für meine Begriffe außer endloser Tristesse nichts zu bieten hatte und bevölkert war von in jeder Hinsicht gehemmten, mangelernährten, fahlen Menschen mit entweder fettigen oder kaputten Haaren, die sich bewegten, als würden sie zwischen elektrischen Zäunen gehen« (Das Loch im Brot). Imre Kertész, 1980: »Wieder das monströse und stickige Berlin. Heute fand ich die Erklärung für das knatternde Geräusch, das mich in dieser Stadt, wenn ich durch die Straßen laufe, immerfort begleitet: Die eisernen Fahnenstangen rütteln in den ins Gehwegpflaster eingelassenen Halterungen hin und her, sobald der Wind die Flaggen in der Höhe flattern läßt. Immerfort Fahnenschmuck, immerfort Feiertag, die ganze Stadt knattert und rasselt. Immerfort Langeweile, immerfort Demütigung und Demut« (Galeerentagebuch). Botho Strauß, 1977: »Nicht zu leugnen, daß da und dort in Winkeln etwas zu entdecken ist. Aber im freien Blick fällt alles auseinander. Da stehen der Fernsehturm und der protestantische Dom, beide ähnlich falsche Fingerzeige. Alexanderplatz, ein einziger Aufschrei gequälter Sinne. Es ist die Stadt der Zerstörung, aktiv und passiv, und was man auch anfügt und erneuert, es wird immer nur ein Supplement der Zerstörung sein. Nichts wird sich hier je fügen, nie das Neue in etwas Altes hineinwachsen« (Die Fehler des Kopisten). Das Gedicht auf die Situation schrieb 1969 Wolfgang Hilbig. »abwesenheit«, das anhebt: »wie lang noch wird unsere abwesenheit geduldet / keiner bemerkt wie schwarz wir angefüllt sind / wie wir in uns selbst verkrochen sind / in unsere schwärze«, und dessen zweite Strophe endet: »eine zerstörung wie sie nie gewesen ist«.

Mein Westen war das Land, das ferne leuchtet. Es war das mir eigentlich selbstverständliche Terrain. Der Westen war die Grundwährung meiner Generation, von den Kinderzimmern an. Die Ostbekleidung war so schwer erträglich wie deren Entertainment-Produkte fast durchweg. Kaum jemand wollte die Puhdys, willfährige Staatspantoffelrocker, die androhten, bis zu einer Rente zu spielen, von der man annahm, dass sie diese längst erreicht hätten; von all den anderen Blumenkübel-Entertainern ganz zu schweigen. Es gab hunderte Möglichkeiten, sich den Westflash im Osten zu verpassen: auf der Autobahn, in Intershops, über Fernsehen und Radio, in Diskotheken, bei Ausstellungen auch – Stunden um Stunden in der Weimarer Schau »Bücher aus der BRD«. Bei ungezählten Betrachtungen über die Mauer hinweg. Wie stets ein jederzeit einfühlungsbereiter Grenzpolizist bei Fuß: »Bürger, können Sie sich ausweisen!« Aus der DDR? Aber gerne! Lange Blicke aus Zügen und Autos, Stunden in Summe vor dem gesperrten Brandenburger Tor – an der Hundeleine Sehnsucht.

Es ist ein Irrtum, dass der Ostler dem Westler mit einem Unterlegenheitsgefühl begegnet, sehr oft ist das Gegenteil der Fall. Insgeheim meinten wir ja, in der DDR das schärfere, das abenteuerlichere Leben zu führen; der Andere zu sein, was ja der Bessere meint. Jene, denen es vor 1989 gelang, im Westen anzukommen, suchten sehr oft genau das: ihre Ost-Differenz im Westen aufrechtzuerhalten. War der Westen das Land, das ferne leuchtete? Im Grunde leuchtete der Osten fort, der sich sein Westgehäuse suchte. In Westberlin steigerte sich alles, hier war das beste Ostleben im Westen zu führen, als ein Fortgehen, ohne Abschied nehmen zu müssen.

Es gab dann nicht wenige, die erfahren mussten, dass genau diese Ost-Schwere im Westen nur in eine Verlängerung des DDR-Dilemmas führte. Alte Loyalitäten zur DDR endeten in Anrufungen, die nicht frei von Verzweiflung waren, ein tatsächlicher Ostschmerz, der sich als Ostsucht Bahn brach. Netze der Abhängigkeit spannten sich neu, solche der Beschränktheit auch. Dass Westler nicht ernstzunehmen waren, stand fest, und diese Haltung trug sich weiter in die Nachwende-Publizistik der Denn-wir-sind-anders-Fraktion. Diese Haltung verdankte sich einer Erfahrung von Ausgeschlossensein, die sich mit Ausschluss-Wünschen fortschrieb; die Anmaßung, die darin waltet, ist osttypisch zu nennen. Noch die Eigenart, jene Erfahrung, dass die Landschaften der Kindheit verschwinden, als ost-typisch zu etikettieren, ist eine Fortschreibung des In-sich-Eingesponnenseins, denn Landschaften verschwinden überall. Was indes nicht im Osten verschwindet, ist das Selbsterleben eines sich besser, schärfer, schlauer Wähnens. Der Ostler muss der Bessere, recht eigentlich der Sieger bleiben, weshalb das, was wirklich zählt, dem Osten zugestanden wird: der Humor und Ernst und die Wärme, sogar der Sex soll lustvoller gewesen sein, das Widerstehen nicht.

Nicht die Ausreisegespräche, die in der DDR allgegenwärtig waren, bescherten die tatsächlich scharfen Themen, sondern die Flucht-Erörterungen, verhandelt hinter vorgehaltener Hand. Noch in den der DDR abgeneigten Milieus gab es diesen einen Punkt, der keine Lockerheit vertrug, der in den Familien nicht familienöffentlich besprochen wurde. Die Ausreise-Warteschleife hingegen begründete eine Alltagskultur, die zu einer Steigerung der Ost-Exklusivität im Osten führte. Es war eben nicht allein Verzweiflung, die sich Bahn brechen konnte, sondern auch ein Sonnenschein, der sich auf jene legte, die ihre sehr oft absehbar letzte Zeit in der DDR als eine anhaltende Party feierten. Derjenige, der auf seine Ausreise wartete, war der Westler auf Abruf;

hatte er den Schritt nach Westen vollzogen, sank das Interesse an ihm rasant. Der Sitzenbleiber veredelte sein Leid und verwandelte sich fortan in einen für den Osten so typischen Bescheidwisser. Biermanns Flori-Have-Lied traf diese heroische Enttäuschung von sich selbst, die dem Weggegangenen angehängt wurde, punktgenau: »Er war doch sonst kein Plattkopf / War helle unterm Haarschopf / und hatte Herz und Witz / Jetzt ist er meine Trauer / Jetzt hockt er hinter der Mauer / und glaubt, daß er vor ihr sitzt // Er ist hinüber – enfant perdu / Ach, kluge Kinder sterben früh / Von Ost nach West – ein deutscher Fall / Laß, Robert, laß sein / Nee, schenk mir kein' ein! / Abgang ist überall.« Eingeschenkt wurde dann doch und kräftig, und die, die noch nicht weggelaufen waren, pelzten sich in ihrem süßsauren Auf-dem-Postenbleiber-Glück. Man konnte in der DDR gegen die DDR dümmer werden. Was hieß: abstrakter denken, apodiktischer urteilen. Man trank, rollte zur Seite, jedes Aufzwinkern von Witz buhlte um Applaus.

Ich war 22, ein Student im vierten Semester, als es mir gelang, den Fuß in den Westen zu setzen. Im März 1989, als die DDR bereits tot, aber noch ganz die alte forsche DDR war, öffnete sich die Tür mit dem Verwandtschaftsticket: Meine Großmutter feierte ihren 83. Geburtstag in Westberlin. Die Behörden hatten kein System oder ein besonders taktisches: Ich holte mir meine Genehmigung im zweiten Anlauf; vier Tage Westerlaubnis eingestempelt in den Reisepass, gültig vom kommenden Tag an. Um sechs Uhr morgens war in der leeren Kontrollhalle des Bahnhofs Friedrichstraße der Schichtwechsel gerade vollzogen: Die Zahnpastatube, die Tabakdose – kein Gegenstand blieb bei der Durchsuchung ungeöffnet. Dass ich ein Büchlein mittrug, in dem sich unter anderem Notizen aus Schriften von Rudi Dutschke fanden, sorgte für Interesse. Vom Kontrollband weg wurde ich in einen sechs Quadratmeter großen Raum befohlen: ein Sprelacart-Tischchen, ein Stuhl davor, einer dahinter, vor der stets zugezogenen Gardine auf dem Fensterbrett eine üppige, wie fleischfressende Grünpflanze. Das Notizbuch wurde kassiert: Vier Mal erschienen im Abstand von etwa einer halben Stunde zwei Beamte in Uniform, um mir Fragen zu stellen wie jene, ob Rudi Dutschke ein Bekannter von mir sei; nach zwei Stunden schien mir Westberlin so fern wie stets zuvor. War ich allein, schob ich die Gardine zur Seite und blickte durch ein Gitter auf den Morgenverkehr der Friedrichstraße: Das war die DDR, ein sich ins Unendliche fort multiplizierender Stillstand. Mir wurde mitgeteilt, dass das Buch beschlagnahmt sei und ausgewertet werden müsse.

Sie wollten es einem nicht leicht machen, noch einmal zeigen, was man da im Begriff war zu verlassen, und dass man etwas wiederzubekommen habe, wenn man denn zurückkehre. Ich ging nicht, ich schob mich watteweich, wie neu und verkehrt herum zusammengesetzt in die von Kabinen, Schleusen und Gängen vollgestellte Halle. Eine wie endlose Schlange von Koffer schleppenden DDR-Rentnern staute sich in ruckenden Schüben, das Wirrwarr war so komplett, dass ich mehrfach im Begriff schien, kontrollverlustig in den Osten zurückzulaufen. Herab in die U-Bahn-Keller, Koffer schleppen für uralte Damen. Die Angst, die S-Bahn in die falsche Richtung zu erwischen. Unvergessen der Sondergang links, in dem von Ost nach West und ohne Kontrolle Passanten leichtfüßig Richtung U-Bahn-Schacht verschwanden, auch das war die Deutsche Demokratische Republik. Die S-Bahn, drei Waggons lang, füllte sich schnell, die Reisenden saßen wie angetackert auf ihren Holzsitzen. Ich stand lieber, hielt mich fest am Gestänge, der Zug rollte hinauf ins Helle, vorbei an Museumsinsel und Zeughaus, der Spreebogen öffnete sich; Tränen dann doch, die Anlässe fließend. Das ausschwingende Flussufer, Sand- und Pflasterflächen, auf denen Grenzsoldaten ihr Morgensonnenbad nahmen. Abgeräumtes Areal bis zum Reichstag hin. Lehrter Bahnhof, Bellevue, Zoo, aus- und aufsteigen zum Hardenbergplatz, der metallisch aufglitzernde Cafe-Kranzler-Westen: weiße Autoabgase, Dieselgeruch, der süßere Zigarettenrauch. Das Zoo-Quartier war mein erster Westen, und er sollte mein Ur-Westen bleiben. S-Bahn und Bus, Dorf an Dorf hin nach Marienfelde. Ich setzte die Sonnenbrille ab und erkannte: Mutter und Schwester an Onkels Gartentor, die mit einem Tag Vorsprung längst eingelebte Ost-Vorhut im Westen. Mit mir hatte niemand gerechnet. Ich hätte das nicht glauben wollen: Das erste, was ich im Westen tat, war schlafen.

Vier Tage Westberlin, vier Tage laufen, fahren, laufen, zwischendurch am Tisch der Verwandtschaft grüßen. Vier Tage, das hieß, wie automatisch den Osten im Westen suchen, also jene Orte, die sich von Osten her gegen den Westen als Gedächtnisplätze setzten. Die Mauer, das Brandenburger Tor, der Checkpoint Charlie, die »Topographie des Terrors« in der Prinz-Albrecht-Straße, das Sowjetdenkmal an der Straße des 17. Juni, Kreuzberg und die Stelle, an der die Leiche von Rosa Luxemburg in den Landwehrkanal geworfen wurde. Die politisch-ethische Wahrnehmung schob sich vor die des nur Ästhetischen, nur Sinnlichen, auch das eine DDR-Prägung von Dauer. Beate-Uhse-Läden im Zoo-Quartier, in denen die Ostler sofort zu erkennen waren, sie bewegten sich wie Fleischesser im Gemüseladen. Peep-Shows, die es damals noch gab. Antiquariate in Serie, die es längst nicht mehr gibt. Die Akademie der Künste, die mir als so lichtgebadet beschaulich erschien. Günter Grass überreichte den Döblin-Preis an Einar Schleef und Edgar Hilsenrath, im spärlichen Publikum nicht wenige, die ich aus meiner tagträumenden Lektüre der Literaturgeschichte der BRD kannte; hier meinte ich, sei ich richtig. Der Ostler, der ich hier war, staunte über die Aschenbecher der Akademie, in denen die Zigaretten in großen Sandschalen auszudrücken waren. Da gab es keinen Raum für Wie-weiter-Fragen. Die stellte sich eines Abends, als ich mit ausgereisten Freunden telefonierte: Du bleibst hier, du bist verrückt, wenn du zurückgehst! Ich hörte die Forderung mit Wohlgefallen, sie schien mir unannehmbar. Ich fand es unanständig, mit dem Familienticket zurückzubleiben. Was wäre geschehen, die Verwandtschaft hätte mir angeboten, auf ihre Kosten abzuspringen? Ich hätte abgelehnt, ich war ostüberfällig, aber noch nicht so weit – nicht Hals über Kopf und auf dieser großmutterschüttelnden Sofastrecke. Allein die Möglichkeit war einmal gegeben; ich hatte bereits gepackt, nur die Abschiede waren noch nicht sortiert.

Bahnhof Friedrichstraße, nach vier Tagen retour: In meiner Jeanstasche beutelten Bücher von Hilbig, Huchel, Johnson und Thomas Brasch, dem Dichter all jener, die im Westen sich nicht von der DDR verabschieden wollten. Erneut die Gänge, Kabinen, eine Achterbahnabfertigung, besinnungslos schnell. Mutter und Sohn, vorbei am letzten Posten, dann klappte hinter uns die Stahltür ins Schloss. Jene Gesichter, die sich hinter einer Metallstange stauten, waren wieder wir: die DDR. Das stimmte nicht. Ich war diese DDR nicht mehr ganz. In der Osthalle fiel mir mein Notizbuch ein. Ich stellte mich an die Sperre und wartete, bis sich die Eisentür, die an der Ostseite keine Klinke besaß, wieder öffnen sollte. Kaum tat sich ein Spalt auf, sprang ich vor, zog die Tür auf und schob mich Richtung Westen herein. Der Posten erblasste, das Maschinengewehr im Anschlag. Ich redete über Kimme und Korn hinweg: dass ich hier noch etwas zurückzubekommen habe. Ich war dann sehr schnell nicht mehr allein, während sich noch ein paar Mal hinter mir die Tür nach Osten öffnete. Es ging dann alles sehr schnell, die Stasi konnte sehr korrekt sein. Eine Grenzpolizistin ließ sich die Aushändigung des Büchleins quittieren, und ich trat hinter die Stahltür zurück in die DDR, in der ich meine Mutter zurückgelassen hatte, mit kleinerem Gesicht, wachsweiß.

8.

Dass da ein Staat über Bord geht und das Volk, das ihn trug, bleibt sitzen, ist eine uralte Geschichte. Die die aus dem Nest fallen, bauen sich ein neues, die die sitzen bleiben, bauen ihr Nest aus: so einen kleinen Palast der Republik, gefüllt mit Plüsch und Plunder. Vierzig Jahre währt die Deutsche Demokratische Republik, gegründet 1949 in Berlin-Mitte, 1989 weggetreten zwischen Rostock und Suhl, abgemeldet 1990 vor dem Reichstag unter Absingen des Deutschlandliedes. Die Zeitgenossen sagen: Vierzig Jahre sind wir betrogen worden. Siebenundvierzig Jahre dauert das Deutsche Kaiserreich, gegründet 1871 in Versailles, 1918 abgemeldet zwischen Schlossplatz und Reichstag. Siebenundvierzig Jahre. Die Nachgeborenen fragen: War der Kaiser an allem schuld? Der Kaiser ging, die Generäle blieben. Der Kanzler kam, die Kader blieben, sie wendeten ein: in die neuen Posten oder die Pensionen danach.

Ich reise nach Westen nach Osten, der Osten reist immer mit. Ich fahre nach Holland, ich will – meinen Kaiser Wilhelm wiederhaben. Der Kaiser ist ein Schnurrbart aus Deutschland, der Kaiser ist mir egal. Mein ist sein Reich hinterm Deich, die große nostalgische Scholle. Haus Doorn, ein Landschloss bei Utrecht, errichtet 1322, umgebaut mehrfach, erworben und im Mai 1920 bezogen von Kaiser Wilhelm dem Letzten, vom belgischen Spa aus geflohen nach Holland im Revolutionsnovember 1918. Es steht ein Palast in Holland, es steht ein Palast an der Spree: Honeckers Glühlampenhöhle des Volkes, ausgebrannt und ausgeknipst. Der Kaiser war längst abgehakt, da ist der Privatmann noch am Leben: der Gärtner, der Forscher, die Axt im Wald, sechzig Hektar Wolkenkuckucksheim. Das reist hinterher: neunundfünfzig Zugwaggons Preußen. Der DDR-Bürger ist längst abgestreift, da ist der Zoni noch am Leben, der Ossi, der Ostler, der letzte Mensch. Wilhelm

Ohneland ist 61 als er abtritt in sein preußisches Pantoffelkino, hier stirbt er im Juni 1941, 82 Jahre alt. Wie sieht das aus: der Haus- nach dem Hofstaat? Welcher Geist weht, steht die Geschichte still?

Hauptbahnhof Halle, Juli 2003: dicke, pfiffige Luft. Die freie deutsche Landjugend sammelt sich zur Love Parade, dem Pfingsttreffen der elegischen Nach-Wende-Kinder. Trillerpfeifen über Flaschenhälsen, Handys am Ohr, Margeriten im Haar. Wie gemütlich, im Zug gegen den Zug zu reisen. Weimar, Erfurt, Eisenach, Bad Hersfeld, so fliegt das vorbei: Autohäuser, Äcker, fette Wiesen. Hersfeld: der alte Westen, eingekocht wie müdes Obst. Geduckte Häuser, Sichtscharten-Fenster. Schoss der Osten in die Höhe, ging der Westen in die Breite. Mittendrin eine Betonhochstraße, wie sie dem Westler in Halle als alarmierend DDR-typisch gilt. Das Erstaunen beim Verlassen des Bahnhofes Fulda: So zonig wie diese Stadt einem entgegenträdelt, ist die DDR nie gewesen. Der Osten war nach außen hin traurig und grau, aber nicht aus eigenem Entschluss. Die Milieus lagen offen und nicht, wie heute behauptet wird, unter einem gemeinsamen Dach. Der Westen spiegelt seine Erfahrung als Erwartung, und erkennt nur das, was er kennt. Warum ausgerechnet sollte der Westen etwas anderes gewesen sein, als die von Günter Gaus im Osten entdeckte »Nischen-Gesellschaft«, da er doch so frei war und ausgeruht im Sitzfleisch?

Wir malen uns einen Kaiser: Pickelhaube und Kommissgesicht, fertig ist der Hohenzollernwicht. Die Deutsche Demokratische Republik fand in Wilhelm II. einen ihrer Beelzebuben, einen ideologischen Packesel, den sie noch einmal und im Nachhinein so richtig preiswert abstrafen konnte. Wilhelm, das ist das reaktionäre Lachbild schlechthin, der weltgrößte Kriegstreiber vor Hitler mit dem weltgrößten aufgebürsteten Schnurrbart. Es gab kein öffentliches Bild außer jenem, das Heinrich Mann in seinem Roman »Der Untertan« lieferte.

Es gab keinen verfilmten Wilhelm außer jenem, den Wolfgang Staudte 1951 für die Defa nach der Buchvorlage drehte. Das Kaiserreich, das war der Geist der Diederich-Heßlingschen Stiefelleckerei. Dabei machte es sich die DDR sehr bequem in den öffentlichen Funktionsbauten, die dem Regiment des Reise- und Technik-Kaisers zu verdanken waren: Postämter, Bahnhöfe und Rathäuser, Beamtenburgen und Kasernen, und vor allem eben auch das: Krankenhäuser in hoher Zahl. Wilhelm Zwei aber verschwand: kein Denkmal, kein Bildnis, kein musealer Ort. Im Staat DDR, der die imperiale Ornamentik nicht scheute, sollte der Imperialismus als ein politisches und kulturelles Phänomen von gestern gelten.

War der Kaiser an allem schuld? Golo Mann, 1958: »Er war kein böser Mensch. Er wollte geliebt werden, nicht Leid verursachen. Zu blutrünstigen Reden konnte er sich verirren; blutiges Handeln lag ihm gar nicht. Überhaupt das Handeln nicht. Er war faul und vergnügungssüchtig. Feste feiern, reisen, sich den Leuten zeigen, hoch zu Roß seine Garden zum Manöversturme führen, mit Seinesgleichen bei fürstlichen Banketten Toaste wechseln, in der Hofloge sitzen, angetan wie ein Pfau, mit den Blicken ins Publikum, Schnurrbart streichelnd, huldvoll strahlend, das war seine Art.« Die scharfen Reden nach außen deckten sich nicht mit seinem Handeln nach innen. Tatsächlich galt Wilhelm seinen Zeitgenossen als kriegsscheu, zaghaft, ängstlich. Soldatenspiele waren seine Sache mehr als das Schlagen echter Schlachten. Mit kindlicher Obsession trieb er die Hochrüstung voran, die von den Ministerien in Gang gehalten wurde. Der hohen Beamtenschaft, schreibt Wolfgang J. Mommsen, diente Wilhelm als ein Bollwerk, um die eigene Sphäre der Herrschaft von jeder Kontrolle fernzuhalten. Gehörte Wilhelm vor Gericht? John Röhl, 2004: »Er hat keine Kriegsverbrechen verübt, keinen Mordbefehl erlassen oder dergleichen. Aber Verschwörung zu einem Angriffskrieg – das muss man ihm vorwerfern. Ich glaube, seine Schuld ist sehr groß, viel größer als gemeinhin unterstellt wird. Und wenn er vor Gericht gekommen wäre, wäre er auch verurteilt worden.« Egon Friedell, 1927: »Wilhelm der Zweite hat in gewissem Sinne tatsächlich die Aufgabe eines Königs vollkommen erfüllt, indem er fast immer der Ausdruck der erdrückenden Mehrheit seiner Untertanen gewesen ist, der Verfechter und Vollstrecker ihrer Ideen, der Repräsentant ihres Weltbildes.« Welches Weltbild repräsentierte Honecker, wenn nicht das eines feierabendlichen Friede-Freude-Eierkuchen-Glücks? Das Kaiserreich war eine Monarchie mit törichten Zügen, in ihrer gesellschaftlichen Präsenz aber pluralistischer, als es die Diktatur mit törichten Zügen jemals gewesen ist.

Grenzstation Emmerich. Holland hebt an: Musterguthäuser, Musterwohnhäuser, der große tiefe Himmel musterhaft blau. Windmühlen, wie fette Ostereier zwischen den Häusern versteckt. Alles atmet den aufgeräumten Geist realistischer Malerei. Endstation Utrecht: Wer den Bahnhof verlässt, fällt in ein wie endloses Shopping-Center, Kleidung, Nippes und Fastfood, der Übergang in die Altstadt gelingt markttechnisch fließend. Mein Großvater sah es vor über sechzig Jahren so: »Wenn wir den Krieg gewonnen haben, ziehen wir nach Holland, da ist es so schön sauber.« Regional-Express nach Driebergen-Zeist, zwei Stationen hinter Utrecht. Das ist Kaisers Nachschiebebahnhof. Tucholsky dichtete: »Sie sitzen in den Niederlanden / und gucken in die blaue Luft, / der Alte mit den hohen Granden, / der Junge in der Tenniskluft ... / Sie schreiben Fibeln für die Kleinen, / drin steht: ‚Ich hab es nicht gewollt!' / Die Krone fiel. Wer wird denn weinen! / Das ganze Geld kam nachgerollt.« Hier rollten ein: 59 Waggons beladen mit beladenen Lastkraftfahrzeugen, Kunstgut und Hausrat herbeigekarrt aus dem Schloss Bellevue, dem Neuen Palais und dem Stadtschloss zu Berlin. Mit dem Trein-Taxi fort an Wäldern, Villen und Campingplätzen vorbei. Das Auto hält am Ortskern von Doorn: ein backsteinrotes Tor wie aus Lübecker Marzipan geformt.

Das ist der Kaiser-Wilhelm-Gedächtnispark: ein hochsommerliches Schwimmen in Grün. Eine handvoll Touristen, die an blitzenden Thermoskannen schrauben. Was der Wegeplan verspricht: ein litfaßsäulengroßes Taubenhaus auf in Holz nachgebildeten Walfischrippen, Glockenturm und Kapelle, die alte Orangerie am Mittelweg, heute Gaststätte, einst Gästehaus und Magazin für den in sinnloser Fülle nachgeschickten Schlossrat. Blassrosa das Wasserschloss: drei Geschosse, zwei Flügel, am Hauptportal eine Freitreppe, die der Kaiser als Hausherr installieren ließ. Der gläserne Windfang ist verschwunden, die Hausklingel noch am Draht. Fünf in den Rasen eingelassene gehwegplattengroße Tafeln markieren die Grablege der kaiserlichen Dackel. »Wai-Wai«, »Arno«, »Topsi« und »Die treue Senta 1907-27. Begleitete Seine Majestät den Kaiser im Weltkriege 1914-18«. Herrchen ruht am Rand der Hundewiese, in einem kleinen, auf Vorläufigkeit hin ausgeführten Mausoleum, mehr Garage als Tempel. Das dem Volk verschlossene Häuschen ist alles, was den Hohenzollern nach 1945 in Holland als Eigentum blieb. Der Kaiser ruht unter einem teppichartigen Überwurf, kartonstarke Trauerschleifen an den Wänden. Diese Aufschrift ist durch das Fensterglas entzifferbar: »Volkshochschule Celle«; auf die also war Verlass. Auf dem Gartenplan ausgewiesen: Pony-Koppel, Victoria Augustes Rosengarten, Wilhelms Holzschlagplatz. Im Abschreiten dieser Putzigkeiten der anschwellende Brustton: Das darf doch alles nicht wahr sein. Dieses Spießer-Idyll aus Kühen und Bronzeadlern, Marmorköpfen und Hundegräbern. Wie sehr das alles skandalös ist: ein Fluchtkurort fernab der Massengräber. Doorn ist ein Skandalon, das alle wilhelminischen Einbauten ins Lächerliche vergrößert. Es gehört sich nicht, vor sich selbst die Flucht zu ergreifen.

Schloss Doorn: wuchtig alles, schwer und teuer. Die Gesellschaftsräume im Erdgeschoss: Eingangshalle, Speisesaal, Rauchsalon, Gobelinzimmer, Gelber Salon. Kaum etwas hat sich verändert seit 1941, allein die lebendigen Gespenster fehlen. In der Hessischen Wohnung, einst Gästezimmer für Wilhelms Bruder Heinrich, wird auf einer Leinwand der Stammbaum der Hohenzollern erklärt, das Ineinandergreifen von oranischer und preußischer Herkunft, am Zeigestock entlang auf Linie gebracht. Im Obergeschoss dämmert das Private: die Räume des Kaisers, die der Kaiserinnen – Auguste Victoria, gestorben in Doorn 1921, und Hermine, gestorben 1947 in Frankfurt an der Oder. Die Räume sind Erwachsenenkinderzimmer, die Möbel – auf Saalformate hin entworfen – viel zu groß, Leere, die als Enge Raum greift. Alles wurde hochgestapelt, hoch gehängt, dicht an dicht. Manöver-, Flotten- und Paradebilder in den Korridoren, noch das Badezimmer ist mit Bildern flächendeckend tapeziert. Wilhelm Gottkaisers Grotte des Heimwehs, Staatskünstlerkitsch über Aschenbechern. Es steht keine Zeit still in diesen Räumen, es gibt keine Zeit hier, nur Zustände herrschen: solche der Flucht und der auftrumpfenden Auskrümmung. Kein Geist wird kenntlich, nur eine Stimmung: Höhlenwärme, Höhlenzauber. Alle Gegenwart ist aussortiert mit Vehemenz. Es fehlt, was ins Exil trieb: der Weltkrieg, das Massenschlachten. Das fritzische wird als goldenes Preußen präsentiert: auf Gemälden und Feuerzeugen, als Ornament auf Tassen und Tellern. Und immer gab es die Preisredner, die aus der falschen alten in die gefälschte neue Zeit nachliefen. In Doorn wurden empfangen: die reisenden Schriftsteller Sven Hedin und Leo Frobenius, der nationale Autor Rudolf Herzog, der Balladendichter Börries von Münchhausen, der humorige Rudolf Presber, der Bühnendichter Josef Lauff, geadelt von Wilhelm höchstselbst. Kein Schriftsteller von Rang suchte den verlassenen Honecker auf, in Deutschland nicht, nicht in Chile.

Waldsiedlung Wandlitz, 24. November 1989. Das DDR-Fernsehen sendet im »Elf 99-Special« erste Bilder aus dem »Prominentenghetto« der DDR-Führung. Titel der Sendung: »Einzug ins Paradies«. Jan

Carpentier, einst Bezirkskorrespondent der DDR-Nachrichtensendung Aktuelle Kamera, schnurrt seinen Text: »Einfamilienhäuser, Kaufhalle, Interieurs, spazierengehende Ex-Politiker. Die erste Fernsehstation, die diese Bilder sendet, in ihrer Banalität erschreckend. Die Eigenwelt jener Führungskaste, die Volksverbundenheit doktrinär herbeizureden suchte, schockierend enthüllend.« Es schockierte nichts. Nur das: Dass da die Kamera hineinfahren durfte in die verbotene Stadt. Herbstliche Waldwege, Kurt Hager vor der Kamera, leere Schwimmhallen, Cordsesselburgen vor Stereoanlagen. Die Medien suchen den Prunk, die goldene Banane: »Am imposantesten war zweifellos das große Hallenschwimmbad, dessen Handtuchhalter und Digitalanzeige der Luft- und Wassertemperatur komfortable Werte verrieten. Der Konsum erwies sich als nach westlichen Maßstäben gut bestückt. In einer leerstehenden geräumigen Villa war für den westlichen Beobachter vor allem aufschlussreich zu sehen, wie die DDR-Reporter die Marken der Kücheneinrichtungen und Badezimmerinstallationen notierten und fotografierten.«

Das Volk notierte immer. Adolf Stein, Pseudonym »Rumpelstilzchen«, berichtet am 18. Mai 1922 in der »Täglichen Rundschau« aus den »ehemaligen Wohngemächern« des Kaiserpaares im Berliner Stadtschloss. »Die sind jetzt Möbelspeicher. Was während der Revolution nicht zerschlagen, zerschossen, gestohlen worden ist, das ist da jetzt alles, mit roten Leinwandüberzügen verhängt, zusammengeschoben. Die preußische Regierung hat eine Auseinandersetzung mit den Hohenzollern über ihr Privateigentum noch nicht zustande gebracht. Es ist noch alles ,beschlagnahmt'. In der Bibliothek Wilhelm II., die neben Militärischem und Seemännischem – auch ,Unser Seeheld Weddingen' und die sonstigen kleinen Kriegsbücher sind dabei – überraschend viel ernst Wissenschaftliches enthält, liegen im Erker auf einem Haufen, wie beim Althändler, die orientalischen Waffen und sonstigen Geschenke, die er von Jerusalem heimbrachte, regellos geschichtet. In einem anderen Raum ist das Leder vom Sattel des Velotrab heruntergeschnitten. Auf Schritt und Tritt traurige Erinnerungen. Nach der Revolution ist mancher, der den heute Regierenden nahesteht, hiergewesen und hat seinen Witz an dem Hausrat gewetzt. Herr Theodor Wolff-Mosse hat sich darüber aufgehalten, daß die Kacheln im Badekabinett des Kaisers Schiffsbilder zeigen. Nymphen wären Herrn Wolff wohl verständlicher gewesen. Selbstverständlich gibt es manche Pracht in dem Schlosse; Schinkel und Schlüter haben nicht umsonst gelebt. Aber manches ‚mondäne' Ehepaar wäre wohl erstaunt, daß Kaiser Wilhelm und Kaiserin Auguste Viktoria – püh – nicht einmal besondere Schlafzimmer besaßen, sondern ein gemeinsames, mit einem einzigen sehr breiten schlichten Bett darin.«

Gibt es eine Hausordnung des Heimwehs, ein Interieur der Nostalgie? Welche Syntax schafft sich die Erinnerung, will sie wohnhöhlenwarm umgarnen? Sie findet im Magazin eher als im Archiv ihren Ort, wird im Raritätenkabinett besser als im Museum kenntlich: nicht sammeln, sondern stapeln, nicht erhellen, sondern verblenden. Sammeln soll nicht bei Verstand, sondern bei Laune halten. Überreden durch Fülle, nicht Argumentieren durch Auswahl; gute Unterhaltung ist garantiert, so wie jeder Rumpelkammer etwas tendenziell Kurioses eignet.

Die großen DDR-Kunstausstellungen nach 1989 zeigten sämtlich diese Attribute, egal, ob die Staatsbildnerei oder die Boheme ins Licht gesetzt werden sollte. Noch die gemeinhin gelobte Großschau »Kunst in der DDR« lief inhaltlich aus dem Ruder und beugte sich aus Überforderung dem Diktat des Magazins, stellte restlos aus, was die Lagerräume an Bildwerken hergaben. Doorn ist das Depot einer Sekundärwelt, in der lebendige Menschen umgehen wie Aufziehfiguren zwischen teurem Kitsch – einer Wandleuchte in Gestalt einer fritzischen Soldatenkappe – oder teurer Kunst, einer Porträt-Serie Antoine Pesnes aus Schloss Rheinsberg zum Beispiel. Magazine sind Einschlüsse einer Zeit, die darauf wartet, in kommenden Zeiten zu sich selbst zu kommen. Hinter den Raritäten aber hockt die Ermüdung, jener Rest, der die Verzweiflung ist: Kaisers dünner Morgenmantel und seine ausgetretenen, hasenbraun traurigen Pantoffeln.

Schabowski, Liebknecht, Scheidemann: immer Ärger mit dem neunten November. Was trieb 1918 heraus, als alles abtrieb: der Hunger, der Frieden, die Freiheit? Was war das? Revolution, Rebellion, die Massen – ein Mangel an Haltung, der Haltung sucht? Walter Rathenau, 1919: »Es ist kein Zweifeln mehr: Was wir deutsche Revolution nennen, ist eine Enttäuschung. Mißtrauen gebührt jedem Zufallsgeschenk und jedem Verzweiflungsprodukt. Nicht wurde eine Kette gesprengt durch das Schwellen eines Geistes und Willens, sondern ein Schloß ist durchgerostet. Die Kette fiel ab, und die Befreiten standen verblüfft, hilflos, verlegen, und mußten sich wider Willen rühren. Am schnellsten rührten sich, die ihren Vorteil fanden.« Da ging kein Vorwärts durchs Volk, nur ein Gelächter. Der Theologe und Liberale Ernst Troeltsch (1865-1923) beschrieb den Morgen nach der Flucht des Kaisers, dem Sieg der Revolution. »Sonntag, den 10. November, war ein wundervoller Herbsttag. Die Bürger gingen in Massen wie gewöhnlich im Grunewald spazieren. Keine eleganten Toiletten, lauter Bürger, manche wohl absichtlich einfach angezogen. Alle etwas gedämpft wie Leute, deren Schicksal irgendwo weit in der Ferne entschieden wird, aber doch beruhigt und behaglich, daß alles so gut abgegangen war. Trambahnen und Untergrundbahnen gingen wie sonst, das Unterpfand dafür, daß für den unmittelbaren Lebensbedarf alles in Ordnung war. Auf allen Gesichtern stand geschrieben: Die Gehälter werden weiter bezahlt.« Die Spaziergänge fanden kein Ende, das Volk schlenderte fort: am Tag nach dem 30. Januar 1933, im September 1939, im Mai 1945 und den Zäsuren danach.

9.

Wie hältst du's mit der Ostalgie? Das war die Gretchenfrage des Sommers 2003, gestellt, auf dass die sittliche Lässigkeit eines jeden Zeitgenossen zuverlässig gemessen werden sollte. Dabei waren es weniger die guten Menschen von nebenan, die einem selbst diese letzte Ost-Klassen-Frage zumuteten, sondern die Agenten des Marktes, des Staates, der Medien; auf die hatte niemand gewartet. Man wusste ja, wenn man denn im Blick auf die DDR bereits einigermaßen psychisch abgerüstet hatte, dass die Ost-Show-Serie zwar tendenziell schamlos ist, die Substanz eines jeden reflektierten Ost-Erlebens aber nicht nachhaltig angreifen würde. Dass das, was im Zeichen von Hammer, Euro, Ährenkranz über die Fernsehbühnen bretterte mit einem selbst gar nichts zu tun hat. So wie noch jeder Show-Auftritt der immerbereiten Katarina Witt vor und nach 1989 die jeweils eigene Ost-Erfahrung nicht tatsächlich berührte. Egal ob das Kunsteismädchen als Parteitags-Girlie, Volkskammerabgeordnete oder Promi-Pummel in »Playboy« oder »Bunte« unter die Augen kam. Was wiederum nicht bedeutet, dass die witteske Quietschvergnügtheit nicht auch Vergnügen stiften kann.

Unterm Strich blieb dann doch alles wie es war: Der Westen interessierte sich nicht für den Osten und der Osten interessierte sich nicht für den Osten. Der Sommer 2003 brachte allein das hinzu: Das Desinteresse kostümierte sich als eine Art Warentest und bescherte dem Vor-89er-Osten ein Revival, das die DDR-Fernseh-Beamten nicht besser hätten inszenieren können. Eine comicbunte Zone tauchte auf, in der boxende NVA-Feldwebel den Reiseleiter gaben. Erstaunliches wurde sichtbar: die Spreewaldgurke, angebaut und vertrieben seit dem 17. Jahrhundert, und der »Rotkäppchen«-Sekt, im Umlauf seit 1856, galten plötzlich als originäre Hochleistungsprodukte der DDR-Wirtschaft. Das alles war also ein Fake, ein Budenzauber, ein emotionales Holterdipolter: Wer sah, wer wusste das nicht? Wenn der Osten tatsächlich so gewesen sein sollte, wie er in den Shows gezeigt wurde, warum hätte man ihn dann neu kolorieren, ja überhaupt erst auf die Bühne bringen müssen?

Als Erfinder des Ostalgie-Begriffes gilt Friedrich Schorlemmer, Wittenbergs protestantische Trutznachtigall. Auf eine Mail-Anfrage vom Juli 2003 liefert der Theologe eine schnelle, wie er anmerkte, aber »nicht stichhaltige« Antwort: »Den Begriff Ostalgie habe ich jedenfalls verwandt, bevor ich ihn irgendwo anders gelesen habe. Es kann aber auch sein, dass dieser Begriff auch zeitnah von anderen in Umlauf gebracht worden ist. Ich glaube, öffentlich von Gregor Gysi und mit einem Hinweis auf meine Wortschöpfung von Richard von Weizsäcker – irgendwo im ‚Spiegel'. Ich bin nicht mehr sicher, wann das gewesen ist, aber es ist bestimmt schon zwölf Jahre her – zu einer Zeit als Leute anfingen, sich wehmütig an das zu erinnern, was gewesen ist, weil das Neue sie überforderte und weil plötzlich alles so entwertet wurde, dass man anfing zu verklären, was man eigentlich froh hinter sich hätte lassen können. Ich fürchtete von Anfang an, dass die Ostalgie eine Reflexbewegung darstellen könnte, die auf die generelle Abwertung bis zur Dämonisierung der DDR und allen Lebens in dieser Zeit reagiert.«

Das Neuwort ist ein Medien-Renner, ein Kassenschlager sowieso. Ost, das meint die DDR, »algos« den Schmerz, so wäre hier also von »Ostschmerz« die Rede – der zieht von weither: als Verklärung aus Vorsatz und Sehnsucht aus Ohnmacht, als Abwehr und Abhängerei. Der Referenzbegriff Nostalgie ist so uralt wie das Phänomen, das er zu beschreiben sucht: Heimweh. Ende des 17. Jahrhunderts begann der Begriff seine Karriere, um einen medizinischen Sachverhalt zu umreißen: »Nostalgia oder Heimwehe«. Vom deutschsprachigen Raum aus ging das Wort europaweit auf Fahrt, um von Westen her seinen Inhalt neu zu bestimmen. In Frankreich begann Mitte des 19. Jahrhunderts das Anfüllen mit Melancholie, Langeweile und Lustsucht, in England am Beginn des 20. Jahrhunderts kam die Sehnsucht nach dem Vergangenen hinzu. Nostalgie als Sucht nach dem Gestern zu begreifen ist verabredet; dasselbe gilt für die »Ostalgie« als Sehnsucht nach der konkreten verflossenen DDR; das trifft es nicht.

Ostalgie bezeichnet das Heimweh nach einer DDR, wie sie hätte gewesen sein können, wenn sie nicht die DDR gewesen wäre. Ostalgie bezeichnet die Sehnsucht nach einem Ich, das man in der DDR gerne entfaltet hätte, wenn die DDR eben nicht die DDR und man selbst nicht stets der eine gewesen wäre, der man nun einmal ist – unabhängig davon, welche Staatskulisse sich da ins Bild schiebt. Die Ostalgie verhält sich zur Nostalgie wie das Fern- zum Heimweh. Das Heimweh ersehnt ein konkret Vermisstes, das Fernweh ein Abstraktes, das sich an der Gestalt eines Konkreten entfacht: einem Menschen, einer Landschaft, einem Gegenstand. Das Heimweh sehnt sich nach einem Ort, das Fernweh nach einem Zustand, einer Stimmung, im Fall der Ostalgie sehr oft nach einer Jugend, der Situation des Aufbruchs also. Fast durchweg nicht nach einem staatlichen, kaum nach einem gesellschaftlichen Ereignis, sondern nach dem, was Manfred Krug meinte, als er 1971 sang: »Es war nur ein Moment« – das Weiche, Gefühlige, Nichtverpflichtbare.

In DDR-Genussmittelserien finden solcherart Stimmungen ihre handgreiflichen Medien. Kaffee, Schokolade, Brotaufstrich: Darin soll sich der Ostler im Rückblick erkennen. In Produkten, die man nicht mehr nennen, Songs, die man nicht mehr hören will, weil man sie einst nie genannt hat, weil sie man sie einst nicht hatte hören wollen. Dass diese Ware der Lebensmittelgeschäfte – mit welchem Desinteresse fiel das einst in den Einkaufskorb! – nun im Einzelnen vergrößert und besungen wird, ist wiederum nur der großen Umwertung des Erfahrenen von Westen her zu verdanken. Dass ein Ich seine Differenz nach außen hin über die Aushängeschilder einer Ware manifestiert, war im Osten aus einem Mangel an Ware undenkbar. Ein Akt von rückwirkendem Opportunismus gelangt da zum Zuge, der die Objekt-Fixierungen des

Westens auf die eigene Vergangenheit projiziert, um diese gefahrlos anzufassen.

Bei Tageslicht betrachtet, ist das Phänomen der Ostalgie so alt wie die DDR, recht eigentlich so uralt wie die kommunistische Bewegung, die ja – anders als heute vermittelt – ein Kind des Westens ist: In beiden Fällen war es ein internes Fernweh, das jene, die nicht nur Mitläufer oder Funktionäre sein wollten, bei Laune hielt. Ostalgie, das bedeutet die Bewegung hin zu jenem Land, das ferne leuchtete, nach einer DDR, wie sie hätte sein können: als die Marxsche Vision jenes Zustands zum Beispiel, in dem die »freie Entwicklung eines jeden die Bedingung für die freie Entwicklung aller ist«; die 1919 von Lyonel Feininger gestaltete sternenbesetzte »Kathedrale der Zukunft« wird da genauso aufgerufen wie die samtpfötig schwermütigen irgendwo ins Nirgendwo-Läufe der DDR-Belletristik. So gesehen, ist Ostalgie die Kehrseite der Utopie. Die gesellschaftliche hat sich in eine jeweils private Utopie verkapselt. Im Fernsehflackerlicht soll sich Unmögliches ereignen: den noch einmal spüren können, der man einst hätte sein können.

Ansichtssachen, Dessau, Juli 2003. Ein irdisches Vergnügen in D., durch die anhaltische Landschaft zu streifen, die Sonntagsausgabe der Mark Brandenburg. Landschaft von den Flüssen her, von Eichen besetzte Auen, über denen eine hohe, weithin Raum greifende Sonne steht. Kleine Architekturen ins Gelbgrün gewürfelt, Mischwälder, zwischen deren Bäumen der Geist des späten achtzehnten Jahrhunderts webt, die elegische mehr als die fortschrittstrappelnde Variante. Es gibt in dieser Landschaft, die kulturell und physisch ein Gelände des Übergangs ist, etwas, das den Reisenden nicht loslässt: Lichtstraßen, die Jean Paul sah, das Kupferrot der Kiefern neben dem grauschattig schrundigen Schwarz der Solitäreichen. Hochrädrige Kaleschen, die hinter den Vorhängen der Gegenwart passieren: Basedow, Klee und

Kandinsky an Bord. Zum Mittag ein Tisch mit Blick auf das klassizistische Georgenhaus. Freizeitdrachen, die sich in den hellblauen Himmel schrauben, Hunde, die vor der weißen Fassade des Schlosses springen. Hoher laubrauschender Sommer also, die Elbe nicht fern. Anhaltinische Freiheit, denke ich. Am Tag darauf die Medien: Statistisch ermittelt, leben in Dessau die unzufriedensten Deutschen. Die Ursachen? Es ist die Zeitung, sagt der Bürgermeister. Es ist die Lage, sagt die Zeitung. Hase und Igel im Schattenland.

Ostalgiker sind nicht nur jene, die sehr genau wissen, was sie mit der DDR verloren haben, sondern eben auch jene, denen nach 1989 außer einem an allerlei Organen ziehenden Verlust, der mit der DDR nicht notwendig etwas zu tun haben muss, nur wenig anderes spürbar geworden ist. In der ostalgischen Bewegung vereinen sich der schuldbewusste Westen und der verschuldete Osten. Jene, die aus einer DDR, wie sie nie gewesen ist, ihre soziale Energie saugen, um nicht protokollieren zu müssen, wer sie tatsächlich gewesen sind in der tatsächlichen DDR. Und jene, die mit Stolz erklären, wer sie einst gewesen sind in der tatsächlichen DDR, die ihnen aber gerade deshalb zu einem Zielort robusteren Heimwehs geraten muss. Allgemein gilt das Auflegen der alten Platten und Debatten als Fortsetzung des wahren Lebens im falschen. Stets waren die anderen schlicht und schlecht, und dabei soll es bleiben.

Günter Nookes Einwurf etwa, wie es denn wäre, würde Johannes Heesters heute eine Dritte Reich-Show moderieren, ist als Retourkutsche auch nur eine ostalgische Position, Meinung eines Bürgerrechtlers, der jedes Dagegen als ein Auf-der-Höhe-sein begreift. Die Heesters-Show hat es in Ost und West über Jahrzehnte hin gegeben, auch wenn sie nicht als knallbunte NS-Produkte-Palette über die Bildschirme rollte. Das Fortnudeln der Ufa-Filmproduktion war im Kern nichts anderes als eine fortgesetzte Echtweltflucht, die Vorspiegelung einer sittlichen Reinheit, in der das Publikum sich zwangsläufig erkennen wollte. Im Westen wie im Osten, wo der Schauspieler Willi Schwabe allmontaglich vor Schnitzlers »Schwarzem Kanal« in die Ufa-«Rumpelkammer« führte. Zwischenrufe wie: Wo bleiben in all diesem Eiapoppeia die Opfer, waren da nicht zu hören.

Zwei Arten von Ostalgie sind zu unterscheiden, die sich der Distanz ihrer Träger von den Positionen der neudeutschen Macht verdanken: eine Ostalgie von oben und eine von unten. Ostalgie von oben wird von jenen vorgeführt, die um 1990 ölfilmglatt von einem Top-Job in den nächsten geglitten sind. Weil sie zuweilen noch immer und von bitterbösen Zungen mit dem alten System identifiziert werden, dem sie so federleicht entsprungen sind, müssen sie sich damit zurückhalten, das alte System schlecht zu machen, sie träfen sich ja selbst. Man spricht, kommt die Rede auf die DDR, nicht über sich selbst, sondern stets über einen Zwang der Verhältnisse, der aber stets nur der kleine geile Zwang zu mehr Macht, Klimbim und Fiesheit gewesen ist. Der Ostalgiker von oben muss nicht verklären, es reicht, in Details nicht für Klarheit zu sorgen. So malt dieser Ostalgiker ein Bild von der DDR, das seinen Posten in der Nachwende-Gesellschaft als gerechtfertigt erscheinen lassen soll: der Propagandist des kleineren Übels, der Saubermann des Entertainments, der Kader im Übergang und der mietbare Gedenktags-Ostler.

Der Ostalgiker von unten hingegen hat nichts anderes zu verlieren als die Erinnerung an eine Jugend, die aus der real existierenden DDR ihre soziale Energie zog, um einer imaginären DDR entgegenzuleben; das Utopische schlägt hier ins Ostalgische um. Der Ostalgiker von unten hält sich an diesen Umschlagpunkten auf, weil er in ihnen Weichen erkennt, an denen für ihn selbst einst einiges möglich schien, auch wenn das zu keinem Zeitpunkt tatsächlich der Fall gewesen sein muss. Wir treffen Alltags-Künstler, die nicht lautstark mit dem Staat liefen, Zeitgenossen, die heute keine Maske tragen müssen, um einen Posten zu erhaschen; wir treffen die Liebhaber von Defa-Filmen genau so wie jene, die wissen, dass eine Kindheit in den Farben der DDR auch eine Kindheit gewesen ist: Ja, was denn sonst?

Dabei ist das Ostalgische nicht nur Kalkül, sondern auch der Veitstanz danach, der kollektive Absacker, ein Sich-gehen-lassen, ohne angebellt zu werden: Sag mir, wo du stehst! Einmal soll das gestattet sein: Von einem Standpunkt der Überlegenheit aus auf die Wegelagerer der eigenen Biografie zu schauen; dass andere daran Geld verdienen, war immer so. Derjenige, der für dumm verkauft wird, muss es selbst ja noch längst nicht sein. Aber in den Regionen der Ost-Verklärung haust keine Freude, so wie auch kein richtiges Licht sich breit macht. Es bleibt bei Geräuschen und Geschäftigkeiten. Die dramaturgisch schwächsten Ostalgie-Shows waren denn auch jene, die sich lustschaudernd mühten, die Ost-Wirklichkeit in Gestalt von Haft- oder Fluchtüberlebenden ins Licht zu rücken, als Scham-Eckensteher fürs grelle helle Treiben nebenan. Woran liegt es, dass dem Ost-Kracher-Lacher so oft der Humor abgeht, dass es in den literarischen und filmischen Ostalgie-Produkten nie wirklich aufheiternd, nie wirklich fröhlich, nie tatsächlich anarchisch zugeht? Aus taubem Material lässt sich kein Funke schlagen. Angst und ein schlechtes Gewissen führen schlechte Regie.

Taubheit. So wie Helmut Kohl dem Mauerfall seine innenpolitische Auferstehung verdankte, verhalf das Nachwende-Entertainment dem DDR-Unterhaltungs-Gewerbe zu einer Blüte, die es im Vor-89er-Osten nicht genossen hat. Längst hatte man das Personal, das sich auf den Show-Sofas präsentieren lässt, vergessen geglaubt. All die Schausteller und Sportler im SED-Geschirr. Man muss nur lange genug Sitzfleisch bewahren, schon gilt man hierzulande als »Grand Old Schachtel« irgendeines Ressorts des rasenden Schwachsinns. Und wie sie denn alle da wie aufgespießt hockten, die Köfers, Mentzels, Frederics, wie sie da ihre braven dummen Sachen sagten, wusste man: Mit diesen Leuten war und ist keine Show zu machen. Da ist keine Freiheit, keine Heiterkeit, die liefern die Kritik der Ostalgie gleich mit. Diese Leute waren, was sie noch immer sind, Staatsheuler – für jede Macht-Manifestation abrufbar.

Angst. Die großen Ostalgie-Produkte, die Thomas Brussig mit seinen überaus erfolgreichen Romanen und Filmen in den 90er Jahren in den Raum stellte, waren wohlmeinende Sendungen, die sich in ihrem Wohlmeinen jene Schlagseite holten, von der sie sich nicht mehr erholen sollten. Er habe ein Buch schreiben wollen, gab Thomas Brussig über seinen Roman »Helden wie wir« zu Protokoll, über das hinweg sich Karl-Eduard von Schnitzler und Wolf Biermann hätten die Hand reichen können. Arrangiert wie öffentlich-rechtliche Märchenspiele, arbeiteten die Bücher und Filme einer Welthaltung zu, die alle DDR-Erfahrung im Unentschieden erdete. Für jeden sollte etwas abzuholen sein: den Verfolger und den Verfolgten, den Beleidiger und den Beleidigten. Das große Besäufnis nach Tisch. Dieses Auf-Linie-Bringen findet seinen Gestus in der Stimme aus dem Off, die sowohl in »Am kürzeren Ende der Sonnenallee« als auch in »Good Bye, Lenin!« dem Zuschauer hinterherwirft, was hier Sache sein soll: Nämlich, dass es so gewesen sein kann und nicht etwa tatsächlich so gewesen ist. Sobald Ostalgie-Produkte in den Medien-Kreislauf treten, wird deren Überbau krümelrein durchgewischt: betreutes Moderieren, betreutes Erzählen, betreutes Flimmern.

Mit Wolfgang Beckers Filmkitschkeule »Good Bye, Lenin!« fand Europa Anschluss an den Ostalgie-Waren-Zyklus. Was da an Tränen floss, hatte nichts mehr mit der DDR, sondern mit Grundmustern einer Gefühlsaufwallung zu tun wie dieser: Sohn findet unverhofft Vater nach langer Trennung wieder. Dabei war der Film des Sauerländers anrührender, ausgeruhter, nicht ganz so krachledern wie die krachledernen Ostalgie-Knaller zuvor; er ist aber genauso mutlos, klischeesatt und im Kern genauso verlogen wie all jene Streifen, die die DDR berühren wollen, ohne sie anzufassen. Gibt es auch nur noch einen einzigen Filmemacher, der es wagen würde, in der DDR lebende Menschen anders als in putzigen Karikaturen darzustellen? Gäbe es nicht mehr zu zeigen als die öde Ostprodukte-Palette? Wie der Westen sich in Kaffee-Hag-Behaglichkeit spiegelt, soll sich der Osten allein in Mocca-Fix-Tüten erkennen. Der harmlose Einfällchen-Humor ist ein Mittel der Distanzierung vom Erlebten. Das ist kein Zufall. Diese Gesellschaft hat Angst vor der DDR. Sie hat Angst vor Erfahrungen und setzt auf Meinungen. Sie hat Angst vor der Gegenwart und lässt sich verschaukeln.

Bin ich, war ich ein Ostalgiker? Was denn sonst? Ich war einmal: ein Biermann-Hörer (bis ins Jahr 1990 hinein), ein Christa-Wolf-Groupi (ein harter Fall von Wegelagerei mit sechzehn), ein Defa-Film-Gucker, ein Leserbrief-Pamphletist, ein Staats-Dichter-Beschimpfer (ein Briefwechsel mit Stephan Hermlin 1984) – schon stockt da der Schreibfluss, denn nichts davon ist wahr, soll es unter dem Etikett »Ostalgie« zu Markte getragen werden. Selbstverständlich ist Wolf Biermann bis zu seiner antikommunistischen Kehre ein Ostalgiker schwersten Kalibers gewesen. Aber immer war da auch ein Auftanken von Aggression und Hohn und Spott möglich, von Remmidemmi in der kopftechnisch verkehrsberuhigten Zone DDR. Ob die Erde »so oder so« rot werden würde, war mir als Teenager egal, auch wenn ich sehr wahrscheinlich das Gegenteil verkündet hätte. Ist die Tatsache, dass sich dieser Text wie endlos fortschreibt, nicht recht eigentlich der Hinweis auf eine tiefe ostalgische Verirrung? Hinweis auf ein Nicht-loslassen-wollen, auf eine Sehnsucht nach den anspruchsvolleren Daseinsknifflichkeiten weiland im Heilland DDR? Oder ist, was hier wirkt, längst ein staatsbürgerlich korrektes Tourette-Syndrom: »Unrechtsregime« dort zu rufen, wo das medial durchgeschüttelte Volk die Arme verschränkt?

10.

Neunzehnhundertneunundachtzig. Da war etwas. Aber was? Da lief etwas. Aber wie? Meinungen, Stimmungen, Wetter im Plural. Wer heute eine gesellig schnatternde Runde von DDR-Veteranen punktgenau zum Verstummen bringen will, muss die Rede auf den Herbst 1989 lenken. Die so genannte Wende bezeichnet ein Erinnerungsloch, dessen feiertägliche Anrufung nur der Ausdruck eines galoppierenden Vergessens ist. Was geboten wird: die immergleichen dokumentarischen Zappelbilder (Wahnsinn!), die immergleichen Gutachter-Gesichter, die immergleichen Medienstullen mit der immergleichen öffentlich-rechtlichen Meinungspaste bestrichen. Es war einmal: ein Volk. Es war einmal: eine Revolution. Allein die Frage, ob der Herbst 1989 eine Revolution zu nennen sei oder nicht, ist eine scholastische – eine Fingerhakelei zwischen Politiktheorie und jeweils sehr privat durchschrittener Lebenswelt. Alle Definitionen haben ihre Interessen, sie laufen auf das Abschneiden von Wirklichkeit hinaus, recht eigentlich sind es Etiketten der Angst. Wenn das, was geschah, keine Revolution war, was wäre dann das, was man an sich selbst gerne als revolutionär wahrzunehmen geneigt war? Mitläufertum, Wendigkeit, ein Mangel an Haltung, der Haltung sucht? Was trieb die Menschen heraus ins Offene? Wo tatsächlich alles am Boden lag, gab es keine Grenzen zwischen Drinnen und Draußen mehr: Die Unbehaustheit hatte sich gesamtgesellschaftlich ausgestülpt.

Halle im Herbst 1989: Ich schaute mir bei jedem Demo-Schritt selbst über die Schulter. Ich nahm die Märsche ernst und wiederum auch nicht. Ich stellte mich gegen die Laufrichtung an den Straßenrand, um Freunde und mir bekannte Gesichter zu entdecken: Das machte nicht immer einen guten Eindruck. Ich sehe mich mit einer Kerze in der Hand in der halleschen Marktkirche sitzen, am Montag, dem neunten Oktober, zum frühen Abend der ersten, noch kleinen und nicht marschmäßig organisierten Demonstration, von der uniformierten Volksmacht abgeschoben ins Gotteshaus. Ich sehe die anderen. Ich sehe, wie mir in der Kirche das Wachs auf die Jeanshose tropft, und ich sehe, wie da dieses eine Schriftband in meinem Hinterkopf abläuft: Was soll mir das alles bedeuten? Mit einer Kerze in einer von Polizei, Kampfgruppen und Stasi abgeschlossenen Kirche zu stehen, Reden zu lauschen, während draußen gummistockknallend die Jagd aufs bislang besungene Volk beginnt. Es war mir auch peinlich, ich war mir auch peinlich. Bekleckert mit Wachs. Am Ende doch ein Lämmchen in der Herde.

Vier Generationen standen buchstäblich auf der Straße. Die jüngste DDR-Generation der in den 6oer Jahren Geborenen lief sehr oft voran oder einfach davon, jene, die sich nicht mehr verschaukeln, vertrösten und im Wortsinn verkaufen lassen wollten. Wer im Spätsommer 1989 nicht mit einem Rucksack Richtung Puszta entschwand, der stand im Herbst vor oder hinter Megaphonen. Auf den Plätzen lief das Volk ein: vier Generationen DDR. Eine jede Generation kam von weither, befand sich auf ihrer jeweils eigenen Spur, hatte sich eingerichtet in einer Käseglocke aus Echtweltbildern, privaten und sozialpolitischen Halluzinationen. Diese sehr oft grundverschiedenen Erwartungshorizonte heute auf einen Nenner bringen zu wollen, ist ein Ausdruck von zupackender Anmaßung. Das war denn auch sehr oft der Inhalt der Nach-89er-DDR-Beschwörung: Enteignungs- und Vereinnahmungs-Suggestionen im eingebildeten Namen eines eingebildeten Volkes, das sehr oft nur die Tarnkappe eines einzelnen, wie rumpelstilzchenhaft um Aufmerksamkeit ringenden Menschen war.

Längst war die DDR-Wirklichkeit aus der Realität herausgefallen. Die Straßenwochen waren erste Aufholmanöver, ein Fortstrampeln hin auf die Ebene der Echtwelt, von einer phantasmagorischen hin zu einer pragmatischen Politik. Man darf heute und durfte schon damals nicht jedes öffentlich geäußerte Wende-Wort auf die Goldwaage legen: Da musste erst einmal ein jeweils verkorkter Redeschwall nach außen dringen. Ein Redeschwall, der an jenem Punkt anhob, an dem er einst unterbrochen und versiegelt worden war: 1953, 1956, 1965 oder 1976. Weil es in der DDR noch stets die Schriftsteller waren, die volkspädagogisch wirksam an die öffentliche Kanzel treten mussten, ertönten vor allem die Selbstläuterungs-Klagen der Ost-Autorenschaft. Der Eindruck entstand, die DDR sei ein Fortbildungslager für Intellektuelle gewesen, genau das war sie für die Masse eben nicht, die den Autoren stets nur fremde Masse war; die Angestellten des akademischen Überbaus blieben im 89er Herbst fast durchweg zu Haus. Statt dessen setzte sich das DDR-loyale Dissidenten-Milieu selbst auf die Spur und überholte ohne einzuholen. Elfenbeintürme zu Litfaßsäulen, das war das Gebot der Stunde, die hoch merkwürdige Veranstaltungen bescherte. So beschloss der in die DDR-Öffentlichkeit heimgeholte Walter Janka am 28. Oktober 1989 einen legendären Auftritt im Deutschen Theater zu Berlin mit einem kraftvollen »Venceremos«: Wir werden siegen! Die Wogen der Ergriffenheit schlugen hoch. Aber wer war hier *wir*, und von welchem Sieg sollte die Rede sein? Was eigentlich wussten die Ostler über den Spanienkrieg? Was über Walter Janka? Kurzum, das große babylonische Gerede hob an. Seit Jahrzehnten verhakte Ohrfeigen wurden so prompt erteilt wie überstürzte Verbrüderungsküsse. Es kam auf Differenzen nicht an. Wem das bereits damals peinlich war, dem ist es heute unerträglich. All das ließe sich selbstverständlich auch als ein großes Fest der großen Einheit feiern, allerdings ein eingebildetes Fest einer eingebildeten Einheit.

Was unterschied die 89er DDR-Situation von jener in den Jahren zuvor? Nichts, außer diesem einen Umstand: Die alle Bereiche der Staatsgesellschaft durchdringende Verwahrlosung war bis zu einem Höchstgrad vorangeschritten. Der Anachronismus, der die Verhältnissen umschloss, war mit bloßem Auge zu erkennen. Das System war tot; niemand mehr wollte es tatsächlich verteidigen. Es gab nichts mehr zu klären fernab der letztgültigen Klärung. Alles das war verflogen: die Rotweinseligkeit, das revolutionäre Maskenspiel, das Pegasus-Reiten, das sinnhubernde Warten. Mit allem hatten die Akteure der innen- und außenpolitischen Brettspielereien gerechnet, nur damit nicht: dass da ein Unternehmen wie beiläufig aufgegeben werden könnte. Die Sowjetunion hatte von Mitte der 80er Jahre an kein vitales Interesse mehr an der DDR, sie stellte sie, wenn auch nicht öffentlich, zur Disposition; das hatte Gorbatschow mit dem Gros der Bevölkerung zwischen Karl-Marx-Stadt und Kap Arkona gemeinsam.

Dass die DDR mit physikalischer Präzision in ihr Aus laufen würde, begriff ich vom Spätsommer 1989 an. Dabei interessierte mich das Aus der DDR nicht; ich hatte keinen Plan für diesen Staat, keinen Plan für mich in diesem Staat. Ich nahm diesen Staat nicht weiter ernst, als dass er eine ernste Sache war. Mich interessierte nur das: raus zu kommen. Die DDR verlassen zu können, war für mich gleichbedeutend mit deren Ende. Eine DDR mit offenen Grenzen war perspektivisch eine tote DDR. Ausreisen oder nicht? Jetzt oder später gehen? Das waren die Fragen des Sommers 1989. Es gingen die, die weder familiär noch gesellschaftlich in der DDR nachhaltig gebunden waren, die damals jüngsten Wende-Akteure, denen die Staatsgesellschaft Ost noch zu keiner Zeit ein Angebot hatte machen können. Ich reiste in diesen Wochen durch Rumänien, Bulgarien und Polen, saß in einem Pressecafé in Krakow und las von der von Otto von Habsburg in Szene gesetzten Öffnung der ungarisch-österreichischen Grenze im Zuge eines »Paneuropäischen Picknicks« am 19. August bei Sopron. Ich hatte – unabhängig davon, dass ich zum Fortlaufen zu wenig auf Trab war – bereits damals das Gefühl, dass man sich sehr beeilen müsse, um der DDR noch zu entwischen.

Das alles ist heute nur noch schwer aufrufbar: Wie da tatsächlich ein Volk weglief. Junge Menschen kehrten dem Staat den Rucksack zu; man verabschiedete sich so beiläufig wie vor einem Wandertag. Es waren viele Worte einfach nicht mehr zu machen. Wenn denn heute eine politische Wende-Aktion gefeiert werden soll, wären es jene rund 24 500 Menschen – jeder Zweite unter 25 – , die allein im 89er September der DDR wegliefen und unter deren Getrappel die Einheits-Fassade Ost erstmals öffentlich tiefe Risse zeigte. Diese Ausreiser waren keine Ausreißer, wie es immer wieder von jenen zu hören ist, die ihr Sitzenbleiben im Osten zu einem revolutionären Sit-In umzuwidmen bemüht sind. Ich saß zum Sommerende 1989 in einem masurischen Waldhäuschen bei kaltem Huhn und eimerweise Pilzen: Mensch, hau doch ab!, riet der polnische Gastgeberfreund nach dem tausendundersten Einerseits-Andererseits-Talk. Er hatte das Thema so satt wie die gesamte Ost-West-Kiste. Diese Kiste war leer und verlangte nach neuer Füllung.

Gleichviel, ob im Fall Krenz 1989 oder Kohl 1982: Der Begriff »Wende« ist ein Verhüllungs-Wort, ein Etikett, das sich nur in Anführungszeichen gebrauchen lässt, allein es ist umgangssprachlich geadelt und es passt ja auch bestens zu jenen hilflos verwirbelten Ereignissen, denen es sich verdankt. Die Ost-«Wende« ist ein SED-Begriff, eine Propagandahülse, so entwertet wie in den DDR-Jahren die Begriffe »Dialog« oder »Frieden«. Es war ja zum Glück keine »Wende«, die sich in der DDR ereignete, sondern ein Knall, dem der Kehraus folgte. Längst hat sich ein Deutungs-Sport etabliert, der je nach DDR-Gedenktaglage im Rückblick das »Ende vom Anfang der DDR« zu markieren sucht.

Noch bis 2002 galt die Ausbürgerung Wolf Biermanns als Anfang vom Abschied, weil die DDR-repräsentativen Intellektuellen fortan nicht mehr so sehr bei Laune waren. Recht eigentlich war das Ende der DDR in ihrem Anfang besiegelt: die Gründung unter Ausschluss der Öffentlichkeit, die zum öffentlichen Wegtreten unter Ausschluss der SED-Aristokratie führte. Die DDR wartete immer auf einen Anfang, das war ja das große Projekt ihrer Intellektuellen. Der Tragödie der fehlenden Identität am Objekt folgte die Farce der verspäteten Identität ohne Objekt. Die Farce trug den Titel »Für unser Land«. Ein Aufruf, verfasst von einer sich selbst läuternden Gruppe von zumeist Intellektuellen, die nur einmal auf eine nicht imaginierte DDR hätten stolz sein wollen. Es war alles längst zu spät: Sie setzten auf das Prinzip Hoffnung, wo das Volk dem Prinzip Ausweg folgte.

Noch einmal Sonnabend, vierter November 1989. Der revolutionäre Mittag war der Vorschein des staatsgesellschaftlichen Feierabends. Alles das war auf dem Alexanderplatz mit Händen zu greifen: die Heiterkeit, die Gelassenheit, das Nicht-mehr-hinnehmen-wollen eines behaupteten inneren und äußeren Zeitdrucks. Die fünfhunderttausend Menschen waren keine Masse mehr, die sich einfand, um sich staatstragend aufzutürmen, sondern jeweils Einzelne, die einströmten, um sich füreinander kenntlich zu machen. Darin lag das revolutionäre Moment der Herbstmonate 1989. Die Bevölkerung trat aus der Statistik ins Freie und erkannte sich als »Volk«. Das Verblüffende dieses Momentes fand seinen Ausdruck in einer kleinkindhaften Selbstbegreifungsformel: »Wir sind das Volk«. Die Bevölkerung sagt »ich«, indem sie »das« sagt. Die Gesellschaft ruckelte sich aus dem Gips der Staatsgesellschaft heraus in den Raum der Erfahrung. Die Schönheit dieses waschküchenblassen Novembermittags lag in einem großen Sich-gehen-lassen, einer Fröhlichkeit auch, die Züge von Feierlichkeit besaß: Meinungen hören zu können, ohne auf sie verpflichtet sein zu müssen. Gesungen hat nicht das Volk, gesungen haben die Redner. Trunkenheit, wohin man lauschte. Die Rede von aufgestoßenen Fenstern war die rhetorische Kehrseite der Rückzüge von einst, ein Hoffnungskoller, der sich der schleifenden Trägheit der Verhältnisse verdankte.

Immer wieder soll, wo heute neuere deutsche Revolutionskunde gegeben wird, im Nachhinein geahndet oder in Haft genommen werden, weil irgendjemand oder irgendetwas nicht durch das Begreifungssieb des Mainstreams passt. Die Ausreiser zum Beispiel, weil sie wirtschaftlichen und nicht politischen Interessen nachgelaufen sein sollen. Als wäre der Wunsch, eine andere Arbeit, ein anderes Einkommen, im Resultat sich eine andere Welt zu wählen, nicht eine unbedingt politische Entscheidung gewesen! In einem Staat, der Bildungswege verschloss und der Ausbildungsplätze verwehrte, ist ein so selbstgerechtes Abkanzeln ein Zynismus. Man ging nicht aus freien Stücken. Der, der ging, hatte etwas zu verlassen. Noch heute: Wieviel intellektuelles Muckertum wirft sich da hochmütig auf. Wir und nicht sie! Verachtung trifft das Volk, weil es vorzog, in der Einheit und nicht in der Renovierung von Separatstaaten sein Heil finden zu wollen. Den Arbeiter sowieso, weil er sich so gar nicht emanzipatorisch auf jener Linie bewegte, die ihm seit hundert Jahren vorgeschrieben wird. Nicht Freiheit soll zählen, die ja für den Einzelnen vor allem Entscheidungsfreiheit bedeutet und Mündigkeit, sondern das Versagen vor einer freischwebenden Staatsräson von links. Die Wiederbegegnung mit dem 17. Juni aus Anlass seiner 50. Wiederkehr zeigte noch einmal diese Umdeutungstaktik, die versucht, die DDR gegen sich selbst zu retten, indem behauptet wird, die politische Dimension des Streiks sei den Arbeitern der Stalin-Allee von Westen her eingeflüstert worden. Noch einmal sollte von oben herab suggeriert werden, dass wirtschaftliche und gesellschaftliche Notstände keine politische Dimension besäßen, so als wäre das eine vom anderen zu trennen.

11.

Ich fahre nach Norden nach Osten, Sommer 2003: unterwegs nach Prälank-Dorf, ein Ortsteil von Neustrelitz, Mecklenburg. Gelb und rundlich buckelt das Land hin zum Ende der Welt, das grüßt hier hinter jeder Weide, hinter jedem Tresen, der sich selbst mit einem Eintrag in einen selbst erfundenen Schlemmer-Schlummer-Führer lobt. Chausseen und Röhricht, Radfahrer vor Rotwild. Wer hierher reist, hat ein Ziel. Zum Seegrundstück hin führt ein eisernes, weit geöffnetes Tor; der Name des Eigentümers steht am Pfosten: Hermann Kant. Ende der 60er Jahre bezog der heute meistgehasste DDR-Schriftsteller die Wiese am Wasser. Ein Wald, ein See, ein Häuschen, wie notdürftig aus Fertigteilen zusammengeheftet. Anfang der 90er Jahre verließ Hermann Kant Berlin, seitdem lebt er in der windigen Hütte am See.

Ein Gespräch mit Kant? Ein Demagoge!, höre ich. Der dreht dir das Wort im Mund um. Wer hat Angst vor Hermann Kant? Die Kollegen von gestern? Es gehört zu den subtileren Bosheiten des DDR-Schriftstellerverbandswesens, dass es jene Mitglieder, die sich ihm einst nicht irgendwann kenntlich verweigert haben, aus seinen sittlichen Problemschlingen nicht entlassen will: der Parteitreue, dem Rundum-Service, der Westreise irgendwann. Das ist Pech für die Lauttöner nach Tisch. Und Pech für all jene, die 1989 flugs von den Podien der Kulturhochämter verschwanden – fort in alte Schreiberstuben, meist in düsteren Villen in den Waldvororten Berlins, oder in neue Posten, meist in der politischen Provinz. »Mir reicht's«, erklärte Kant 1996. »Ich äußere mich mit keinem Piep mehr, ich habe kein Interesse mehr daran, ich will nicht, ich habe keine Lust.« Das tausendmal Gewusste ist tausendmal abgefragt längst: Kants Rolle nach der Biermann-Ausbürgerung 1976, Kants Rolle beim Verbands-Rausschmiss von neun Autoren 1979. Im letzten Fall wird gern davon abgesehen, dass außer Kant noch 300 mit ihm einverstandene Kollegen stimmten. Das alles ist wenig geheimnisvoll und hat nichts mit einer rätselhaften »Dialektik« der Verhältnisse, sondern schlicht mit Interesse und Charakter zu tun. Das alles kann nachgeblättert und zitiert werden: bei Karl Corino, Reiner Kunze, Joachim Walther. Heute, sagt Kant, führe er »das Leben eines Mannes, der weiß, dass er seine Sache verloren hat, und sie nicht zuletzt auch deshalb verloren hat, weil er Teil dieser Sache war«.

Man weiß heute quellensicher, wer Hermann Kant als Literaturfunktionär gewesen ist. Auch ein Zyniker (1979 dem fortgejagten Reiner Kunze hinterher: »Vergeht Zeit, vergeht Unrat«), auch ein Demagoge (Uwe Johnsons Bücher seien in ihrer DDR-Aussage »falsch und böse«, 1962). Immerhin hat Kant sein Gesicht hingehalten im vergangenen Jahrzehnt, er ist nicht weggelaufen, wenn ihn eine Anfrage erreichte; wenig ist das nicht. Aufklärung über das Literatursystem DDR war ja kaum von Kants Jahrgangskollegen oder Genossen zu erfahren. Das leisteten die, die mit dem offiziellen »Leseland«-Laden nichts oder wenig zu tun hatten und mit der SED schon gar nicht. Wolfgang Hilbig zum Beispiel mit seinem Schriftsteller-Roman »Das Provisorium«, Uwe Kolbe in seinen Essaybänden »Renegatentermine« und »Die Situation«, Adolf Endler in seinen Tagebuchblättern »Tarzan am Prenzlauer Berg«. Oder der Bremer Germanist Wolfgang Emmerich, über dessen 1995 nachgebesserte DDR-Literaturgeschichte die einst etablierten Ost-Kollegen so gerne lamentieren – ein eigenes Buch liefern sie nicht. »Einstige Instandbesetzer des Sozialismus, die jetzt die eigene Spur verwischen«, höhnte Volker Braun den akademischen Festtagsrednern einer DDR-Literatur hinterher.

In dieser Literaturgeschichte wäre der Hamburger Arbeitersohn Hermann Kant an prominenter Stelle zu finden. Ein Mann jener Kriegs- und Flakhelfergeneration, die nach 1945 nicht weiter verführt sein, sondern endlich selbst führen wollte. Kants Romane wie »Die Aula« oder »Der Aufenthalt« waren Erfolgsbücher aus eigener Kraft. Oft war Kant ein origineller, wenn auch selten ein originärer Erzähler.

Von ihm erwartete man nicht, dass er eine das Leserleben umstülpende Einsicht liefern würde, sondern eine bessere, manchmal etwas großväterchenhaft auf der Stelle tretende Unterhaltung. Mehr als ein »Was« treibt Kant das »Wie« seiner Rede um: Er nennt es sein »Formulierium tremens« – Hauptsache schön gesagt. Es gibt Momente, in denen mag man solche Kost. Heiner Müller zum Beispiel nannte Kants 1986er Erzählung »Bronzezeit«, die das Schicksal des Reiterstandbilds von Friedrich dem Großen Unter den Linden verhandelte, die »vielleicht schärfste DDR-Satire«, die er in den 80er Jahren gelesen habe. »Aber das liest natürlich keiner mehr, weil der Name Hermann Kant darüber steht.« Wer Kant in jüngster Zeit auf Lesungen erlebte, sah einen Mann, der sich quält, den Autor als Kleinkunstwerker, dem unter dem geklöppelten Text das Thema verloren ging.

Kant hört nicht, Kant sieht nicht, das Grundstück liegt leer. Noch einmal: klingeln und klopfen, von der Waldseite, von der Seefront her. Aus dem Schatten seines Hauses tritt Hermann Kant wie unter einem Zeltdach hervor: ein freundlicher alter Herr mit Hörgerät, pergamentig blass der Teint, leinwandblass das Outfit. Etwas Small-Talk zum Auftakt: der Jahrhundertsommer, die Hütte, der See. »Wenn ich nicht jeden Tag einmal schwimmen würde«, sagt der 77-Jährige, »hätte ich den See nicht verdient.« Ein Kachelofen mit Schreibtisch, Stuhl und Liege, das ist die Schreiberklause, abgetrennt von einer grün gekachelten Diele, die nicht beheizbar ist. Kant hat Kuchenbrote geschnitten, dick mit Butter bestrichen. Einerseits tue ihm die Abgeschiedenheit gut, sagt er, niemandem müsse er sich erklären, hier sei er sein eigener Boss, einerseits. Andererseits tue es ihm überhaupt nicht gut, denn das Alleinsein führe zum verbissenen Nachdenken, im lockeren Gespräch gehe das doch besser. Auf dem Vertiko in der Diele grüßen die bei Eulenspiegel erschienenen Hacks-Werke, vom Verfasser selbst an Kant adressiert. Eine Geste, die den Empfänger, kommt die Rede darauf, sehr in Rührung versetzt. Auf dem Esstisch Literatur über den Warschauer Aufstand, Berichte aus jener Stadt, in der Kant, der Straßenkehrersohn aus Hamburg, als sowjetischer Kriegsgefangener den Kommunismus entdeckte. Der »New Yorker« liegt auf dem Zeitschriftentischchen; Kant hält das Blatt im Abo, seine Ehefrau und die gemeinsamen Kinder leben in den USA, man sieht sich selten. Also schreibt er. Im Sommer des Jahres 2003 an einer Erzählung über den 17. Juni 1953, über jenes Tischlein, auf das Selbmann und Havemann vor dem Haus der Ministerien gestiegen sind. Kant serviert Kaffee. Wir wollen über ihn und den 17. Juni reden, dessen Jahrestag allgemein gefeiert wird. Im Sommerhaus später ein Gespräch fernab.

Herr Kant, warum hatten Sie als DDR-Schriftsteller Angst vor dem Stoff des 17. Juni?
Kant: Wie bitte? Ich soll vor diesem Thema Angst gehabt haben?
Sie haben das Thema berührt, ohne es tatsächlich anzufassen.
Kant: Oh, oh, oh, oh! Hören Sie mal, dann haben Sie das entscheidende Buch nicht gelesen!
Ich frage Sie ja, weil ich das entscheidende Buch gelesen habe – Ihren Roman »Das Impressum«.
Kant: Aber da stehen doch lange Arien zum Thema drin!
Sie beschreiben den Protest vor dem Haus der Ministerien – das sind zweieinhalb Seiten.
Kant: Viel mehr! Die Wiederbegegnung der beiden Hauptfiguren zum Beispiel – das alles spielt doch am 17. Juni.
Das, was faktische Zeitgeschichte konservieren soll, spielt sich auf drei Seiten ab. Da lesen wir: »hier schrie der Irrsinn, und der Irrtum schrie mit«. Und: »dem Feind keinen Fußbreit Boden und jenem Junitag nie wieder eine Chance«.
Kant: Danke, danke, kenne ich! Wobei ich Wert auf die Feststellung lege, dass Sie mit diesen zwei Satzfetzen all das,

was ich über das Ereignis im Roman sage, auf ein Fünfhundertstel zusammenziehen. Ich muss Ihnen die Seiten 358 bis 366 der Taschenbuchausgabe zur Wiederlektüre empfehlen. Aber ich komme Ihnen insoweit entgegen, als ich Ihnen sage: Ich war gegen den 17. Juni.

»Dem Feind keinen Fußbreit Boden.« Welchen Feind meinten Sie?
Kant: Jenen, der der DDR den Garaus gemacht hätte, wenn es nach bestimmten – und damals zunehmend kräftiger werdenden – Teilnehmern in dieser Angelegenheit gegangen wäre.

Von welcher DDR reden Sie? Der Ulbrichts? Der Herrnstadts? Es gab doch Optionen damals.
Kant: Die gab es. Aber wer die DDR in Frage stellte, der stellte mich in Frage, so erlebte ich das. Ich war 27, Germanistik-Student in Berlin, Parteisekretär des Germanistischen Institutes der Humboldt-Universität. Für den Fall des DDR-Falls sah ich mich in das Straßenkehrer-Sohn-Dasein zurückstürzen. Das wollte ich nicht.

Die DDR-Chefs hatten stets Angst vor der gefeierten Arbeiterklasse.
Kant: Ja, sie hatten vor vielen Leuten Angst! Vor den Arbeitern, den Bauern, den Intellektuellen – eigentlich vor allen.

Abgesehen davon, dass diese Regierung nicht demokratisch legitimiert war: Woran lag das?
Kant: Daran, dass sie nie ausreichend Begründungen für ihre Politik vortrug, die andere hätten überzeugen können. Es waren immer nur Bescheide.

Wie haben Sie den 17. Juni erlebt?
Kant: Am Vormittag des 16. Juni rief die Universitätsparteileitung an und teilte mit, dass die Bauarbeiter streiken und in Richtung Unter den Linden marschieren. Dort sollten wir hin, die Parteiabzeichen abnehmen und agitieren. Das war

der Parteiauftrag! Die Leute von der Straße zu bringen.
Die werden sich gefreut haben.
Kant: Ich bin Unter die Linden gegangen und habe das Parteiabzeichen nicht abgemacht. Da kam dieser Zug, ich habe mich eingereiht und wie ein Idiot geschrien: Was macht ihr denn, um Gottes willen?
Berechtigte Frage: Sie wussten ja nicht, worum es ging.
Kant: Da hat mir auch gleich ein mitteljunger Kerl den Maurerhammer gezeigt und gesagt: Verflüchtige Dich! Dann habe ich gedacht, vielleicht hat die Partei ja doch Recht, und das Parteiabzeichen abgemacht. Von da an wurde es aber erst aasig! Vorher haben sie mich für einen Idioten gehalten, jetzt aber für einen verdeckten Aufklärer des Volkes. Ich lief dann mit bis zum Haus der Ministerien, wo der Ruf nach Grotewohl ging, der ja nicht da war. Fritz Selbmann, Minister für Schwermaschinenbau, trat auf, nach ihm Robert Havemann, Direktor des Physikalisch-Chemischen Institutes, und Robert Naumann, Professor für Politische Ökonomie. Sie alle wurden ausgepfiffen und vom Tisch geholt.
Wie auch anders? Selbmann teilte nur mit, dass man über die zu hohen Normen nachdenkt, nicht, dass man sie gestrichen hat.
Kant: Er war ja auch gar nicht im Bilde. Das ist in der Regierung völlig dilettantisch gemanagt worden.
Sie sind dann mitgelaufen und auch am nächsten Tag die ganze Strecke. Warum?
Kant: Weil ich ein politischer Funktionär war, ein harter Knochen. Ich bin darauf nicht stolz, ich stelle das nur fest. Ich habe auch nicht aufgehört zu sagen, dass das alles Quatsch war.
Was war Quatsch? Ihr Einsatz? Die Forderungen der Arbeiter?
Kant: Beides. Ich wollte den Arbeitern erklären, auf diese

Weise kriegt ihr gar nichts durchgesetzt.
Woher wussten Sie das?
Kant: Das war meine Überzeugung. Ich war zu dieser Zeit kein Kind mehr! Und ich sage noch einmal: Ich sah das falsch, aber ich sah es so. Wir haben dann zu dritt die Universität bewacht, vor wem, weiß ich auch nicht mehr. Ich erzähle Ihnen das alles nur, um zu zeigen, dass ich wirklich ein Augenzeuge bin. Aber ein Augenzeuge ist nur bedingt für eine Analyse tauglich. Ein Buch der Amerikanerin Edith Anderson trägt den Titel: »Der Beobachter sieht nichts«.
Was meinten Sie, damals gesehen zu haben?
Kant: Furchtbar viele wütende Leute, die sich angeschissen vorkamen. Weil sie härter arbeiten mussten als andere, aber weniger bekamen als andere. Das war die Hauptkraft. Aber selbstverständlich waren auch Leute dabei, die sagten: Es geht um mehr. Und solche, die sagten, das ist die Stunde, wo nichts mehr repariert werden soll.
Vertraten Sie die später propagierte Formel vom 17. Juni als »faschistischer Putschversuch«?
Kant: Nein, ich habe sie auch nicht benutzt. Das war eine Totschlageformel. Damit konnten sie alle sozialen Forderungen und Unternehmungen erschlagen.
Eine der politischen Lehren der DDR-Führung hieß: Keine öffentliche Fehlerdiskussion!
Kant: Auch diese Formel war eine, an der wir zugrunde gegangen sind. Keine Fehlerdiskussion, das hieß: Man hat keine Fehler gemacht, und wer es dennoch behauptet, der gilt als Feind.
Herr Kant, hat die so genannte offizielle DDR-Literatur versagt vor dem Thema 17. Juni?
Kant: Wie die gesamte DDR. Von der Regierung angefan-

gen, von der dieser Tag ausging. Man hätte aus dem 17. Juni lernen müssen.

Zum Beispiel was?

Kant: Dass Grundsätze, die in den Augen der einen absolut notwendig sind, sich bei anderen keineswegs so darstellen. Dass man die Aufgabe hat, für eine schwierige Angelegenheit so viel wie möglich beteiligte Leute zu gewinnen. Das haben wir alles nicht gemacht. Das war ein grobes Versäumnis im Umgang mit dem 17. Juni.

Im Westen wurde der Tag als Feiertag entsorgt, im Osten wurde er umgelogen oder totgeschwiegen.

Kant: Der Tag wirkte dennoch fort. Unsere Art, an den 17. Juni zu denken, äußerte sich zum Beispiel darin, dass wir als Studenten noch Jahre danach stets an diesem Tag S-Bahn fahren mussten, um aufzupassen, ob jemand die Notbremse zieht. Um eine Rede zu halten oder eine Gedenkminute zu feiern. Also gedacht haben wir schon an den 17. Juni, aber allein auf diese polizeiliche Weise.

Auf diese polizeiliche Weise: Im Misstrauen gegenüber dem Volk finden die Deutschen ihren Konsens. Im Westen handelte das Volk auf Bewährung, im Osten unter Verschluss – jeweils im Namen des Volkes. Dass sich die Bevölkerung der DDR 1989 nicht nur objektiv als »das«, sondern subjektiv als »ein« Volk begriffen hat, nehmen ihm die Staatsbürgerkundler bis heute übel. Allein die Erfahrung des Herbstes 1989 zeigt, dass es auch eine Weisheit des Volkes gibt: Es ist der kleinste gemeinsame Nenner von kollektiver Erfahrung und Sehnsucht. Heiner Müllers viel zitiertes Diktum, dass zehn Deutsche selbstverständlich dümmer seien als fünf, traf für die Wende-DDR nicht zu; dass zehn Heiner-Müller-Epigonen dümmer sind als fünf hingegen schon.

Trotzdem ist sehr oft von einem 89er Verrat an den ureigenen Intentionen des Volkes die Rede, die offenbar so ureigen waren, dass sie dem Volk selbst verborgen geblieben sind. Die Enteignung einer Revolution wird beklagt, die in dem Maße an Fahrt gewinnt, wie der 89er Umbruch im Rückblick verdämmert. Revolution? Evolution? Implosion? Die Definition erzählt mehr über den, der sie verwendet, als über das, was sie zu bezeichnen vorgibt. Weder gab es 1989 einen revolutionären Volkswillen noch einen einheitlichen Entschluss der Bürgerrechtsgruppen. Überhaupt wäre »Umbruch« der treffendere Begriff: Er betont das Physische des Vorgangs, der sich dann selbst und aus dem Material heraus seine Richtung gibt. Das politische war ja sehr oft ein symbolisches Agieren, das sich im Verhältnis zu den Dingen wie vor einer Milchglasscheibe ereignete: linksalternative Konzepte westdeutscher Herkunft wurden zigarettenrauchverhangen nachbuchstabiert. Es gab, jenseits von Illusionen, keine realistischen politischen Alternativen von innen, die mehrheitstauglich gewesen wären. So schlug im Herbst 1989 nicht die Stunde der Politik, sondern die der Fahnenflucht einerseits und des letzten Fahneneides andererseits. Wenn es denn einen kleinsten gemeinsamen Nenner für jene gegeben hat, die auf die Straße gingen, war es der: Die DDR, wie sie war, gehört abgeschafft. Das geschah dann so gründlich, dass jene DDR, die noch bis zum Oktober 1990 bestand, aus dem kollektiven Bewusstsein heute vollständig verschwunden ist; es war die einzige demokratisch legitimierte.

Und doch: Glück? Ja auch. Freiheit? Ja auch. Ein Gewitter von Blicken nach innen und außen. Ein Erlebnis-Sturm hielt auf Trab, dem ein Begreifen nur hinterhereilen konnte. Landschaften, Straßen, Gesichter – ein Wechsel im Flug. Wohin denn, wenn nicht auf Freiheit läuft Politik hinaus? Die Monate der »Wende« waren eine haltlose wie idiosynkratisch aufgekratzte Zeit. Das Stimmungswort »Wahnsinn« trifft den Zustand der Wochen genau. Aber war es eine Zeit der

Schönheit, der straßentanzenden Anarchie, wie die Gedenktagsbücher heute zu suggerieren suchen? Es will sich noch im Rückblick keine haltbare Launigkeit herstellen: kein fortgesetzter Tanz auf der Mauer. Die Ereignisse griffen zu tief in die abgelagerten Erfahrungswelten. Es waren auch Monate des Verdrusses, der Filzigkeit, der Rechthaberei, des Ausschauhaltens und Abwanderns. Es muss nicht verblüffen, dass die Herbstwochen in einem Schwarzweiß verwischen, das sich mit der Reklame-Heiterkeit der Medien nicht in Deckung bringen lässt, und die sie vielleicht gerade deshalb im Nachhinein so sehr benötigt – die »Good Bye, Lenin!«-Farbigkeit, die »Sonnenallee«-Komik. Wer wusste denn, wo ihm der Kopf stand und was dieser Kopf Brauchbares zu bieten hatte? In der Erfahrungs-Taubheit des DDR-Endes findet die öffentliche Ost-Lähmung eine ihrer Ursachen. Ausgeatmet wird erst heute – eingeatmet noch lange nicht.

12.

Ansichtssachen, Berlin, Sommer 2003. Die Neue Nationalgalerie zeigt »Kunst in der DDR«. Eine denkwürdige Formel. Nicht noch einmal will man einen »Bilderstreit« herausfordern, keinen Jahrmarkt der Parteilichkeiten, unter dessen Sottisen und Pöbeleien die einst so engagierte, jetzt nur noch waidwunde Ostprofiseele zusammenzucken muss. Nicht mehr verteidigen müssen, nur noch vorzeigen wollen: Sonnen- und Abendlicht, Zirkus- und Marmorglanz. Auch die DDR-Kunst war in Arkadien. Aber wäre nicht »Kunst gegen die DDR« der gehaltvollere Titel? Noch Willi Sittes frühe Arbeiterformate oder seine 69er »Hommage à Lenin« waren ja den Staat weichzeichnende, also ostalgische Produkte von Rang: Halluzinationen einer DDR, wie sie damals hätte gewesen sein sollen, wenn sie eben nicht die konkrete

DDR gewesen wäre. Aber die DDR-konkrete DDR ist in der Berliner Schau nicht präsent, sie fehlt als Gegenpol, der einen Spannungsbogen hätte stiften können. Das Nebeneinander suggeriert ein Miteinander, wo ein Gegeneinander gewesen ist. Der Betrachter neigt einem jeweils einzelnen Bild zu oder nicht – je nach Stimmungslage. Die DDR ist allein in Sedimenten sichtbar, die sie nach dem Gang durch eine je eigene Künstlerseele abgelagert hat. Aber der Zuschauer kennt die Künstler kaum, nicht deren Wünsche und Niederlagen. Wie soll da der Staat und eine Gesellschaft sichtbar werden, die im Titel der Ausstellung annonciert werden?

Und doch ist es ein Vergnügen, durch diese Schau zu schreiten, die in zwanzig halb chronologisch, halb thematisch gesetzten Ordnungen, den Kunstkosmos Ost sichtbar zu machen sucht. Ein Vergnügen, obwohl die Frage steht, ob eine Zählung der Kunstwerke von der Gründung der DDR an nicht angemessener wäre, als mit der Chiffre »Stunde Null« zu starten: Warum dann nicht gleich der Einsatz in der Weimarer Republik, dem historischen Referenzraum der DDR? Ein Atem stockendes Zur-Kenntnis-nehmen der Werklinien stellt sich ein: Korrespondenzen, die aus der Neuen Sachlichkeit her führen, dem ätzenden Sozialrealismus eines Otto Dix zum Beispiel, hin zu den ersten Abstrakten, den merkwürdigen Picasso-Nachahmungen von Kitzel, Metzkes, Tübke und Sitte bis hin zur Gruppe um Jürgen »Strawalde« Böttcher. Ein Freundeskreis, der sich in den Jahren 1953 und 1954 in Dresden bildete, um eine weltzugewandt sächsische Mischung aus dunklem Barock und erdigem Impressionismus anzurichten. Es unterhält, in die wie von Lamettafäden überzogene, gern auch zeitkritisch kichernde Kleinwelt des Hallensers Albert Ebert zu treten. Schon hier gerät das Konzept der Schau ins Schlingern, tritt der Betrachter aus der Zone der Entdeckerlust ins Areal des Archivs. Die Musealisierung greift durch, wo das Material in seiner habituellen und politischen Vielfalt nicht begriffen worden ist.

So trödelt die Schau vom Beginn der hier präsentierten 6oer Jahre an in ein großes, willkürlich arrangiertes Durcheinander, um im letzten Raum der Ausstellung – überschrieben mit der Allerweltsphrase »Utopie und Realität – Vom Scheitern in der Geschichte« – komplett die Nerven zu verlieren. Eine Rumpelkammer von agitatorischer Einfühlungskunst wird vorgeführt, um sie mit einer als echtweltnah gefeierten Schwarz-Weiß-Fotografie zu konfrontieren. Erstaunlich an dieser Kammer, die Bilder zeigt wie Ebersbachs »Widmung an Chile«, Heisigs Friedrich-Zwo-Porträt »Der Feldherrenhügel« oder eben Sittes »Hommage à Lenin«, ist allein das: wie sehr die Schere zwischen propagandistischem Anspruch und intellektueller Durchdringung des Gegenstandes auseinanderklafft. Hier findet sich die DDR als Realität in der Kunst wieder: das öffentliche Antragen eines nur halb Gedachten und halb Erkannten als ein groß Gedachtes und groß Erkanntes. Was wusste man tatsächlich über Chile, Friedrich, Lenin? Das Kunstgewerbe ist dümmer als sein Betrachter. Es waren diese Bilder, denen man in Schulklassen- oder Brigade-Sätzen zugeführt wurde, um belehrt zu werden über Gegenstände, die unvoreingenommen zu reflektieren, alle Voraussetzungen fehlten.

In der vorauseilenden Musealisierung des Ostens zeigt sich eine Abwehr, die es gut meint mit ihrem Gegenstand, ihn tatsächlich aber kurz und klein haut. Der schnelle reine Tisch nach Tisch ist eben der, unter den geschaut werden müsste. Die Kuratoren der Schau versuchten ja nicht weniger als die Grundlegung einer DDR-Kunstgeschichte in Exponaten. So wie überhaupt die 89er Zeitenkehre einen umtriebigen Ehrgeiz von schnellen Gesamtdarstellungen entfacht hat. Die allerorten angestoßenen »Was bleibt?«-Querelen waren der Ausweis eines vergangenheitspolitischen Geschäftssinns. Wer will denn warum Das-bleibt-Sätze sprechen? In wessen Interesse, wenn nicht dem jeweils ureigenen? Was bleibt, meint: Was ist – ein totalitärer Gestus in jedem Fall. Die didaktische Das-bleibt-Lust erzeugt in der Berliner Schau ein inhaltliches Durcheinander. Letzteres findet einen Grund auch im Material. In den späten 50er Jahren waren nahezu alle Positionen einer Kunst in der DDR bereits einmal durchgespielt. Fortan gibt es bei den Künstlern, die sich im gesellschaftlichen Strom des Denkens bewegten, nur noch Variationen im Thema und im Handwerk. Von diesem Strom unberührt, setzt sich die Kunst der Originären ab, von Einsiedlern wie Glöckner, Claus, Ebert, Altenbourg. Die feiern in ihrem Winkel die Welt, ohne sich auf eine politische Verteidigung überhaupt noch einzulassen. Das Beispiel dieser »Neben«-Künstler zeigt eben auch, dass eine Kunst, die der Propaganda – und sei es in kleinsten Dosierungen – Zugang gestattet, sich tendenziell selbst aufhebt und in Manierismen erstarrt.

Wo bleibt die DDR? Sie zeigt sich im Gestus, in der Temperatur, in den Sujets und noch in den Farben der Bilder. Leichtigkeit ist eine Ausnahme; gefeiert wird vorsätzlich oder gar nicht. Diese ernste Kunst will ernstgenommen sein, so sehr wie sich der jeweils einzelne Künstler selbst ernstgenommen hatte. Sehr oft blicken die Bilder direkt auf den Betrachter. Ein Ausgeliefertsein wird in Szene gesetzt, viel Melancholie strahlt ab. Nach vierzig Jahren DDR schließen sich die Ausflüge jener Kunst – die entweder in den Westen, den Winkel, die Propaganda oder in die persönliche Lähmung führten – zu einem Zirkel der Resignation. Curt Querners mit nahezu naturalistischer Präzision arbeitendes, in grau-beige Töne getauchtes Elternporträt von 1948 ist von Norbert Wagenbretts Leipziger Porträts der 80er Jahre in Ton und Gestus kaum zu unterscheiden. Das fotografisch genaue Abbilden, das in den 80er Jahren Raum griff, war ja die Verteidigungshaltung gegenüber einer Dauer-Tristesse; nichts anderes als Tristesse aber vermittelt eine Malerei, die versucht, was die Fotografie besser zu leisten vermag. Das Statische, das Eingekapselte, stets auf eine Rettung Hoffende findet seine Syntax quer durch die Jahrzehnte. Das große Eingesponnensein der Kunst, Ausdruck einer offensiven Defensive, zeigt sich noch in beiläufigen Werken wie Harald Metzkes' Bildnis »Das Pferd«: ein flügelloser Pegasus, in dessen traurig-dunklem Blick der Betrachter zu ertrinken droht.

Kunst in der DDR ist, wo sie aus der Gesellschaft heraus in diese zu wirken suchte, das Abbild eines jeweils auf sich selbst Zurückgeworfenseins. Der Gestus: starr. Die Temperatur: tiefgefroren. Das Sujet: Variationen des Ausgeschlossenseins, einer Haltung, die aus Traurigkeit Lust zu schlagen hatte. Die Farben: dunkel, erdnah, verhangen. So spricht die Kunst aus dem Zentrum einer erfahrungstauben Gesellschaft, die Biografien wie Jahresringe um sich sammelte. Hier wirkt eine Kunst, die gegen die Verhältnisse sehr nah bei den Menschen war. Wie wäre eine Schau zu arrangieren, die Kunst in der DDR zum Sprechen brächte? In der Einbindung nach außen oder innen. Nach außen wäre die DDR-Kunst als deutsche Kunst in ihrer Zeit zu zeigen – mit all den wie Weberschiffchen nach West und Ost springenden Einflüssen, die die Textur dieser Bildwelt schufen, alle von den Anfängen her führenden ideologischen Laufmaschen inklusive; nach innen als ein Atlas von Autoren, Gruppen und Landschaften, die sich wie unter der Hand ihr Netzwerk schufen – die Korrespondenz einer Kunst in den Grenzen der DDR.

13.

Generation und Geschichte. Real existierend war die angehaltene Zeit, wenngleich sie dann doch nicht über die Dauer von zwei Generationen hinweg lahmzulegen war. Alltag, Staat und Gesellschaft fielen aus der Zeit und jeweils auf sich selbst zurück – in die Untiefen wie endlos fortgesponnener Selbstgespräche. Das Kunststückhafte der Staatsgesellschaft DDR – vergleichbar mit dem in Eisen gehenden

Musenstaat Friedrichs des Großen – machte sie so attraktiv für die Intellektuellen. Ein Labor, das der Realität enthoben, seine eigenen Wirklichkeiten setzte und feierte. Ein Staat mit Luftwurzeln, die ideologisch ausschlugen, wo es gefiel. Der Acker der Geschichte lag verlassen hinter dem Haus, aufpflügbar jederzeit und nach wechselndem Bedarf.

Am Vorabend der dritten Weltfestspiele der Jugend im Jahr 1951 ließ Erich Honecker, damals Chef der Freien Deutschen Jugend, das Reiterstandbild Friedrichs des Großen Unter den Linden entfernen, um es 32 Jahre später, nunmehr als DDR-Staatschef, wieder aufstellen zu lassen. Begründungen? Unerheblich. Einmal war das Nationale unerwünscht, einmal nicht. Mit dem Unernst Grimmscher Riesen spielte dieser Staat mit den Zeugnissen verflogener Zeiten, die aber – und das war die Crux – in der DDR nicht wirklich verflogen waren, sondern in einer Art von Transit-Trance zum Stillstand gelangten, um sich auf kleinstem Raum gegenseitig zu stoßen. Das Verschwiegene, das Fortgeschlossene, das Weggelogene flüsterte aus allen Winkeln. Die Enge in den Köpfen und Schließfächern war es, die das totgeglaubte Material noch einmal neu in Bewegung setzte, so wie Enge Wärme erzeugt.

Dieser Staat griff so auftrumpfend nach der Historie und hatte zugleich so ungeheure Angst vor ihr, er schottete sich ab hinter den Vorhängen eines aufgekratzten ideologischen Mummenschanzes. Die DDR, die ein Ort der Stille war, konnte Geschichte nicht zur Ruhe kommen lassen. Als Totentruhe betrachtet, war dieser Staat ein Tiefkühlfach, dem ständig der Strom ausfiel: Das, was weggeschlossen tiefgefroren werden sollte, blätterte auf und flog durch die Luft. Die Staatsgesellschaft Ost hatte keine Kraft zum flächendeckenden Verhüllen öffentlich unerwünschter Geschichte, sie konnte nur das: verfallen lassen und auf ein Vergessen hoffen. Noch im Nachhinein erscheint das Gelände DDR als ein Hallraum geschwätzigster, einander ins Wort fallender Historie, als ein riesiger geschichtsmetaphysischer Kokon, in dem die Feste und Katastrophen bis in die 20er Jahre zurück sichtbar waren – man musste sie nur lesen können: in Thüringen, Sachsen, Brandenburg.

Überhaupt war alles seitenverkehrt an diesem Staat. Das, was in offiziellen Äußerungen wörtlich erklärt wurde, war – um einen Grad von Wahrheit zu erlangen – nur jeweils durch sein Bedeutungs-Pendant zu ersetzen. Wo es aufwärts gehen sollte, ging es abwärts. Eine Tradition – und die DDR war ein Weltmeister im Erfinden von Traditionen (»Es ist bei uns zu einer guten Tradition geworden«) – war eben keine Tradition, sondern eine Setzung. Wo ein Erbe als lebendig gefeiert wurde, war es mausetot. Auf den Gedenksteinen der Republik war sehr oft diese Zeile zu lesen: »Die Toten mahnen uns«. Man hätte ersetzen können: »Wir mahnen die Toten ab«. Was die Toten anzumahnen hatten, meinte im SED-Duktus das: Eine politische Spaltung der Arbeiterklasse nicht noch einmal zuzulassen. Das wiederum bedeutete für die DDR-Lenker, die Spaltung aufzuheben, in dem sie kurzerhand die Sozialdemokratie abschaffte, den Liberalismus sowieso.

Die Angst der DDR vor der Geschichte hatte Gründe. Hier wirkte nicht allein jene Scheu, die Legenden gegenüber Fakten notwendig zeigen. Es machte sich vor allem eine tief sitzende, die DDR-Macht nachhaltig neurotisierende Scham sichtbar. Es war im Kern die Kenntnis, vor der politischen Herausforderung des Nationalsozialismus versagt zu haben. Die Kommunisten vor 1933 kämpften eben nicht allein, wie in der DDR suggeriert werden sollte, kollektiv gegen den »Faschismus«, sondern erstens gegen die Republik von Weimar, zweitens gegen die Sozialdemokratie und drittens gegen die im Kampf gegen die Demokratie kombattierten Gegner von rechts. Der marxistische Soziologe Karl August Wittfogel (1896–1988) im Gespräch mit Fritz J. Raddatz: »Im Nazi-KZ war das Schlimmste, was ich erlitten habe, nicht die Prügel oder, daß Leute lebendig eingegraben wurden – sondern der Gedanke: All das, was da vor sich geht, wofür wir da leiden, ist eine Farce, denn die Führer unserer Bewegung wollten Hitler nicht bekämpfen, wollten ihn zur Macht bringen. Darum hat sich der Brecht 1943 so aufgeregt, als ich ihn an Moskaus wirkliche Hitlerpolitik erinnerte. Radek, der höchste Ratgeber Stalins, hat mir selber 1932 gesagt: ‚Die deutschen Arbeiter müssen eben auf zwei Jahre die Nazis auf sich nehmen.' Da entstanden für mich politisch fast unterträgliche innere Zweifel. Aber als Sozialist hatte ich nichts anderes. Wohin?«

Öffentliches Erinnern war in der DDR Chefsache, eine Staatsangelegenheit, die mit hohem Suggestions- und Sicherheitsaufwand über die Bühne gebracht wurde. Die besiegten Überlebenden setzten sich über den sieghaften Toten in Szene. Der wohlfeile Antifaschismus der DDR, der nach innen ein Kampfbegriff ohne Gegner war, ist auch ein Kompensations-Manöver gewesen, zudem eines, das die Opfer des Exils noch einmal zum Schweigen bringen musste. Die Ostberliner Haushalte der linken Remigranten waren Archive der Niederlage, verordnete Rückzugsorte. Fast durchweg erreichten die durch die Welt gejagten Rückkehrer, die eben keine Heimkehrer waren, nur ein Alter von Anfang 60: Louis Fürnberg, gestorben mit 56, Weinert, gestorben mit 62, Willi Bredel, gestorben mit 63 und Bertolt Brecht, ein Toter mit 58 Jahren. Wer unter den Remigranten kein zynischer Parteisoldat oder ideologischer Playboy gewesen war, der zog sich in das Museum seiner Biografie zurück. Vielleicht waren Männer wie Fürnberg, der dreizehn deutsche Gefängnisse zu absolvieren und einmal sogar sein eigenes Grab zu schaufeln hatte, Tote auf Urlaub. Oder ein Mann wie Weinert, der Sprechdichter aus Magdeburg, der seit den 20er Jahren auf eine Revolution drängte, die sich in Deutschland nicht ereignen sollte und in deren Illusion er von Moskau her zurückkehrte. Für die Tragik, Differenz und – wo sie ihre Wut nicht zynisch gemacht hat – auch Würde dieser Lebensläufe bot die DDR kein Forum. Ein verlogener Totenkult ließ seine kalten Funken fliegen, Veranstaltungen von manischer Langeweile ordneten den Kalender der Feiertagsgedenkrepublik.

An diesem Theater-Antifaschismus ist noch im Nachhinein kein Fünkchen zu retten, nur das: ein kalter Kitsch, der den DDR-Sentimentalen mundet.

Rückkehr der Landschaften. Das ideologische Vakuum, welches das Verschwinden der DDR in Ost- und Westdeutschland erzeugte, zog eine Kette von gesellschaftlichen Wahrnehmungsschüben nach sich. Die galten – unmittelbar nach dem DDR-Erdrutsch – dem Thema Deutschland, dem Thema Heimat, der Chiffre »Preußen«, immer wieder dem »Dritten Reich« und dem im Osten nahezu völlig ausgeblendeten Spiel des konservativen Geistes vor 1933. In der DDR war das erinnerte Geist-Spektrum ein gesäubertes Spektrum von links: Das konservative Tableau wurde, wo es sich nicht in den Dienst nehmen ließ, nachhaltig vergessen. So ist im Grundsatz die geistige und kulturell-geschichtliche Verwüstung größer als die der Städte und Landschaften. Das Nachwende-Jahrzehnt machte den Verlust in Gestalt einer bunten, sich aus dem Staub hervorschüttelnden Museumslandschaft sichtbar: Die Rückkehr der Geschichte vollzog sich raumgreifend leibhaftig. Wie angehaltene Uhren, deren Zeiger plötzlich wieder in Fahrt geraten, sprangen 1990 über Jahrhunderte gewachsene Städte und Landschaften in ihr kulturhistorisch angestammtes Bett zurück. Da ist die Ostsee, die nach 1989 wieder Segelboote sah, die ihre Weite und Heiterkeit zurückgewann. Städte wie Jena, Dresden, Potsdam und Naumburg, Stralsund, Weimar und Halberstadt fanden in ihre Fasson zurück. Durch diese Städte und Landschaften – die über Jahrzehnte in Haftung für Hitler genommen worden waren – zu streifen, bleibt eine große und anhaltende Freude.

Nach-89er-Generationen-Building: Mythen aus Mangel, Instandbesetzungseifer, wenn die Nächte lang und ein Morgen nicht in Sicht ist. Das Allgemeine ins Persönliche, das Persönliche ins Allgemeine gewendet: für wen? Die Klappentextindustrie, die

Buchtotenmesse, die Literaturhauseinweisung? Generation sells: Anzeigen schalten, Interviews stapeln, die Stirn Ost-West-stempeln lassen, um am Ende nur noch Lesungen im Ausland zu buchen, weil man sich selbst als Stimme der anderen nicht mehr zuhören will. Gab es jemals in Deutschland ein vergleichbar hohes Aufkommen an Selbsterinnerungstexten von Menschen um die dreißig wie in den vergangenen fünf Jahren? Was wirkt da fort? Ein Mangel an Gegenwart, der sich einen Mangel an Vergangenheit nicht auch noch gestatten will? Selbsterregungsrhetorik? Besitzergreifungseifer? Klassensprecherattitüden? Das alles auch. Zudem sind die juvenil westdeutschen Nach-Wende-Reflexionen in ihrem Horizont knallhart westdeutsch geblieben bis zuletzt.

Das »Wir« ist das Signum der neudeutschen Klassensprecherprosa. Es gab in der DDR kein öffentliches »Wir« jenseits der propagandistischen Ermunterung; jedes »Wir« setzt ja eine gewisse Selbstbeschwipstheit genauso voraus wie einen flirrenden Blick auf die Tatsachen. Jenes mehr gehauchte als getrommelte »Wir«, das in den Gedichten Volker Brauns zu finden war, blieb ein hemmungsvolles Adressieren ins Irgendwo. In der reflektierten DDR-Literatur sprachen Einzelne jeweils Einzelnen zu; das »Wir«, wo es nach 1989 von Osten her sprach, war der Einspruch gegen Auslöschung und Vereinnahmung, auftrumpfend war es nie. Dabei wäre es ein Irrtum, den Alltag in der Staatsgesellschaft DDR als zwangsläufig konformistischer zu begreifen als den im neudeutschen Westen. Letzterer plättet sich freiwillig unter dem so genannten Zwang der Verhältnisse: der des Marktes, des Geldes und jener sich aus ihm fort entwickelnden sozialen und geistigen Null-Niveaus; das Über-Ich West ist so wirksam wie das östliche lähmend war. Man konnte, war man denn bei sich, dem Osten im Osten entgehen, ohne das Gesicht oder die Existenz zu verlieren, letztere kostete ja nicht viel.

Wer nur ein Jahr jünger ist, hat keine Ahnung, schreibt Martin Walser. Wem das eigene politische Erleben nicht als ein Rätsel gilt, der hat keinen Autorenvertrag. Dass der Ostblock-Bruch einen Anlass für Lebensabschnittsbetrachtungen liefern kann, ist ein nachvollziehbares, aber nicht zwangsläufiges Ereignis. Es ruft nur der, der etwas erwartet, was nicht einzufordern ist: etwas Zuwendung, etwas Aufmerksamkeit, ein Stühlchen vor einem jeweils gedeckten Arbeitsplatz; ein bisschen aufschminken muss sich da ein jeder. Im medialen Hase-und-Igel-Lauf in Sachen DDR-Zeugenschaft waren bislang zwei Generationen nicht zu begrüßen: jene, die um 1940 geboren wurde, die also zu jung gewesen ist, um sich bis 1961 gegen die DDR zu entscheiden und im Nach-Wende-Jahrzehnt alt genug, um über Vorruhestandsregelungen in ihre Wohnzimmer zurückkatapultiert zu werden. Und jene, die als vierte und letzte DDR-Generation in den 60er Jahren in den Staat hineingeboren wurde: jung genug, um bis 1989 ihre prägenden Erfahrungen einzuholen, alt genug, dass sie das Jahr 1989 als ein großes Ereignis, aber doch nicht als eine fäusteschüttelnde Neugeburt erlebte. Da führte ein Weg fort, der bereits eingeschlagen worden war.

Generationen bilden sich auf der Grundlage einer gemeinsamen, als einschneidend erlebten Erfahrung; diese Erfahrung ist im Blick auf die 60er-Jahre-Generation das Jahresende 1989 nur zu Teilen gewesen. Das, was die ostdeutsche Revolution genannt wird, ist Teil eines europäischen Umbruchs gewesen, der sich dem Abgang des Ostblocks verdankte. Die vierte DDR-Generation findet ihr prägendes Erlebnis in der Erfahrung und Abwehr einer erstarrten Gesellschaft, die nach innen abgestorben, nach außen hin nur noch scheinlebendig war: die 80er-Jahre-DDR. Jeder, der diese Zeit bei Trost und Verstand überstehen wollte, hatte sich zu entscheiden: mehr gegen als für etwas. In der Schule, dem Studium, der Armee: Es sind diese Entscheidungen, die zählten und zählen; das Sich-Entgegensetzen gegen die Mechanik und Physiognomik des Opportunismus, das große abstrakte Abrakadabra, das das kleine konkrete Gemeine verdeckte. Die Übergänge von der Funktionärs-Gesellschaft Ost in die Angestellten- und Beamten-Gesellschaft West geraten fließend.

Entscheidungen sind festzuhalten, die aus Haltungen resultierten, die heute zu Haltungen führen: gegen die neudeutsche Kollektivschuld-These Ost, gegen die West-Verlängerung des DDR-Geistes im Entertainment, gegen ein behauptetes »Wir«, für eine Summe von »Ichs« also. Es wird der 60er-Jahre-Generation im Zuge der Zonen-Publizistik nicht selten vorgeworfen, dass sie den Kontakt zur Masse suchen würden, die Gruppenklammer, die La-Ola-Welle der Generationen-Euphorie; alles das stimmt nicht. Diese Generation ist im Gegenteil eine von massenhaft Versprengten, verletzbar, misstrauisch, aggressiv, aber frei von Larmoyanz – wie es in den DDR-Endjahren bereits zu trainieren war. Es waren die in den 60er Jahren Geborenen, die vom Sommer 1989 an hunderttausendfach in den Westen verschwanden, ohne dass diese Flucht- als eine Jugendbewegung ins öffentliche Bewusstsein gelangte; verschwunden ist diese Generation als eine öffentliche bis heute. Die Verfasser der jüngeren Generationsflugschriften sind jeweils fast durchweg älter als es die DDR-Nestflüchter im Jahr 1989 gewesen sind.

Die DDR lebt fort in ihrem Spiegelbild West, die verflossene Erziehungsdiktatur in der beflissenen Erziehungsdemokratie, der Tugendstaat im Tugendboldgarten sozusagen. Das von Westen her verlangte Schuldbekenntnis der deutschen Intellektuellen nach 1989 blieb eine Ost-Veranstaltung. Der lautsprecherische West-Kulturbetrieb von links, der auf dem Ostauge blind oder sentimentalisch beschlagen ist, blieb lautsprecherisch und in eigener Sache feige bis heute, gerät das West-Vergnügen am Osten in den Blick. In der Anmaßung gegenüber dem Einzelnen findet dieser Kulturbetrieb seine ihm angemessene Umgangsform. Alles Uraltbekannte stand nach 1989 noch einmal auf, Pfiffe wie Griffe aus der Gruft. Von Westen her: die Schlussstrichforderungen, die Ich-weiß-nicht-wie-ich-mich-verhalten-hätte-Statements. Nicht etwa die SED, sondern deren Instrument – die Stasi – rückte für den Westen ins Blickfeld, um alle Urteils-Energie restlos zu bündeln. Aber die Stasi war eben nicht nur symbolisch, sondern faktisch »Schutz und Schild« eines Funktionärs- und Beamtenapparates, der – wo er sich nicht auf öffentlich gut einsehbaren Posten tummelte – von Westen her sofort umarmt wurde. Honecker, so erscheint es im Spiegel der Indifferenz, konnte nach 1989 nur von Glück reden, dass er in der öffentlichen Wahrnehmung nicht Stasi war.

Dabei bestand – von Erpressungen abgesehen – keine Notwendigkeit, in der DDR mit dem Geheimdienst zu ziehen. Es bestand überhaupt in einem Staat, in dem die Einkommen gering und die Karrierechancen klein waren, keine äußere Notwendigkeit sich dem Staat anzudienen. Jene, die das taten, hatten ihre ureigenen Motive. Dabei ist nicht von Kompromissen zu reden, taktischen Einlassungen, die einer Strategie folgen konnten, die dem System nicht gewogen sein musste. Die lächerliche Mitgliedschaft bei den Pionieren zum Beispiel, der Freien Deutschen Jugend. Bereits die Mitgliedschaft in der SED war ein anderes Spiel, das Erklärungen notwendig macht, von Funktionen des Staates ganz zu schweigen. Die paradoxe Freiheit in der DDR setzte den Einzelnen vom Zwang zum Opportunismus frei: Wer sich trotzdem dafür entschied, hatte stets mehr Begründungen als Gründe.

14.

Ansichtssachen, Frankfurt am Main, Herbst 2003. Die Kunsthalle Schirn zeigt »Traumfabrik Kommunismus«, propagandistische Erbauungskunst der Stalin-Jahre. Altbekannte Quadratmeterware im Entree: überdimensionierte Bildwerke, ölschinkenspeckig, auftrumpfend dilettantisch oft, schwere Griffe in die Gruft der Huldigungs-Emblematik. Shukow zu Pferde, Stalin im Sessel, Kongress-Wimmelbilder, Kübelpflanzen und Tonnen-Ideologie. Man kennt diese Bilder, ohne sie im Detail gesehen haben zu müssen. Protokollkunst, die wie vorsätzlich genug Raum zur personalpolitischen Retusche lässt. Interessanter ist das andere: die öffentliche, immerbereit die Massen betörende Kunst, die einen goldgelben Alltag inszeniert und eine Vorahnung gestatten soll auf die goldgelben Jahrtausende danach. Im Gegensatz zur frühen Kunst in der DDR ist es in Russland die Avantgarde, die den neuen Menschen für den neuen Staat mitgestaltet. Künstler wie Malewitsch, Rodtschenko oder Kluzis, die ihre Studio-Posten verlassen, um begeistert einer illusionistischen Volksgemeinschaftskunst zuzuarbeiten.

Sowjetische Propagandamalerei ist Anschlusskunst: Immer wieder wird das Publikum in die dargestellte Szenerie – die eines Laufes, eines Marsches, einer Diskussion – eingereiht, um mitzulaufen, mitzumarschieren, mitzureden. Das Personal schaut den Betrachter nicht an: starrer Blick nach vorn, oft zur Seite, und sehr oft wird dem Blick von außen nur der Rücken zugewandt. Dann wird ein Panzer begrüßt, eine Delegation, ein Brief von der Front oder ein Flugzeug, das durch den rosaroten Himmel zieht: von der Zukunft ein Gruß. Der Betrachter wird solcherart straff ins Geschirr genommen, Distanz von vornherein ausgeschlossen. Der Gestus der Anschluss-Kunst ist ein transitorischer: Stets bewegt sich ein Subjekt von A nach B oder das Subjekt betrachtet ein Objekt, das als Traktor, Auto oder Fußball durch die Welt kommt. Besäßen diese Bilder eine Lautsprechertaste, man würde es pausenlos dröhnen, jubeln, kichern hören. Ekstase herrscht überall. Deren Grundfarbe ist ein Weiß, gesteigert in Varianten von Hellblau, Rosa und Gelb. Schatten sind hier kurz und laufen am Boden entlang. Der ekstatische Gestus findet seine inhaltliche Entsprechung: Es wird gefeiert, jedermann jederzeit an jedem Ort, beim Sport – der Ausflüge in eine peinvoll klamme Erotik bietet –, bei der Arbeit, im Alltag, im Kampf. Das ist keine Überredungs-, sondern Roll-Über-Kunst, die nichts mehr fürchtet als den langen, analytisch kontemplativen Blick, lichte Steilvorlagen für die Mitglieder der sowjetischen Gesellschaft der Staffeleimaler.

Wie statisch, erdig und stadttheaterhaft hingegen die schlichte Propagandakunst der frühen DDR-Jahre: Überredungskunst, der das Vergebliche stets mit eingeschrieben ist. Die frühe sowjetische war eine nachrevolutionäre Kunst, geboren aus dem Geist der Ekstase, die ostdeutsche eine Kunst des Nachkriegs, aufgestellt aus dem Geist der Niederlage. Die Trauer, die dem Wissen um erlittene Verluste entspringt, hat die Kunst in der DDR nie vollständig verloren, dem aufgehellten, wie tiefgefrorenen Glück der Ideologie war eine tiefgefrorene Vergeblichkeit stets beigesellt: im Gestus, im Ton, in der lauen Temperatur des Werkes. Ost-West-Kunst danach: die schwermütige Schwester an der Elbe und der halbstarke Bruder am Don, der wie auf Drogen tanzt.

15.

Die Zone, der Osten, die Steppe: Drei begriffliche Zustände ein und derselben Halluzination, einer sozial und kulturell als geschlossen begriffenen Landschaft nämlich, die nirgendwo lebendiger ist als in den Werkstätten von Politik und Reklame. Duldungsstarr unter einem Wahnweltpanzer, so lagern die neuen Länder in den

Leitartikeln und Statistiken, dienen als Steilvorlagen für die Suggestion einer kollektiven, alleszermalmenden Indifferenz. Volksgemeinschaft und Wagenburg, Seelenquäler und Jammerhammer, all das wird den Ostdeutschen als typisch nachgesagt – sehr gern auch dort, wo Ostler die Landschaft ihrer Herkunft für den Westen übersetzen. Man könnte jeweils die Probe aufs Exempel machen und fände dort, wo all diese Begriffe publizistisch ins Feld geführt werden, politische Zwecke und persönliche Interessen, die wenig mit dem Gegenstand des Interesses, aber einiges mit der Distanzierung von diesem zu tun haben. Fliegende Begriffe, die Betreuungs- als Bevormundungsverhältnisse einfordern, ein Hinwegentscheiden über die Köpfe, das niemanden erstaunt, weil in den Zonen der Indifferenz ein Begriff von Mündigkeit ohnehin nicht herrschen soll.

Dabei war der Begriff der »Zone« im ostdeutschen Gebrauch vor 1989 ein anderer als in den späten ostalgischen 90er Jahren. Die Zone, wo sie jenseits des Pausenhofgekichers auftauchte, war ein böses Wort. »Tausend Meter Stacheldraht / Minfenfelder im Quadrat / Weißt du, wo ich wohne? / Ja, ich wohne in der Zone.« Das war ja dann wohl ein anderes Kaliber, ein so gar nicht friedliches, gar nicht niedliches, wie man es heute für eine im Nachhinein friedliche DDR entwirft, die wie unter einem großen nordkoreanischen Lächeln gelagert haben soll und deren im Ost-West-Staatsfunk prominente Dissidenten ab und an in einen porzellanenen Spucktopf trafen. Diese Zonen-Zeilen, gesungen zur Uriah Heep-Melodie von »Lady in Black«, hatten nicht zufällig etwas Landsknechtisches und gar nichts Elegisches. Solche Zeilen wurden in der Nationalen Volksarmee gegrölt, überall dort, wo der Alkohol frei machte von dem, was immer eine Rolle spielte, weil es vor ihm kein Entrinnen gab. Da wurden die Aufpasser klein und stumm und tauchten erst dann wieder auf, als die jungen Hunde ihrerseits wieder klein und umgänglicher waren, weil die Zone ja doch die Zone blieb mit Minenfeld und Stacheldraht. Aber wirklich lustig wurde es mit denen, die mit ihrer Verzweiflung zu leben gelernt hatten, nie wirklich. So wie die DDR, der statistische Selbstmordweltmeister, nie wirklich ein nur halstuchschwenkender friedlicher Staat gewesen ist. NVA-Rekruten, die zur Nacht mit dem Ruf »Ihr roten Schweine!« durch die Ostberliner Hauptstadt rannten; das war die Zone, vor der der Staat eine peinliche Angst hatte.

Mit der Zone ist die Angst in und vor ihr verflogen. Der Heimatdienst als Wirklichkeitswaschanlage hat volle Arbeit geleistet. Stattdessen strahlt auf: die Zone als ein archaisch vorpolitischer Raum; der Osten als Wir-Sager-Gemeinschaft; die Region als Gurken gießende Scholle, die demographische Steppe zuletzt als Gelände der drei großen V: vergreist, verarmt, verdummt. Ist es falsch, eine Taktik dort zu vermuten, wo einige Attribute der ostdeutschen Landschaft als deren Wesentliches präsentiert werden sollen? Und welches Ziel hätte diese Taktik, wenn nicht jene, von der eigenen Lage und ihren Konfliktquellen abzulenken? Die Zone darf nicht sterben, weil der Osten nicht als Projektionsfläche verschwinden darf für die klumpigeren Nöte privater und gesellschaftlicher Natur. Für die Nöte jener Mitmenschen auch, die noch im Jahr 15 nach Krenz die alte DDR in den neuen Ländern bekämpfen. Im Anrufen kanonischer Befehle wie diesem, dass der Ostler doch einfach nur einmal Eigeninitiative, Mündigkeit und Beweglichkeit entwickeln müsse, als wäre eben genau das im Osten nicht der Fall und im Westen die Regel, was wiederum einer Lüge mehr als einem Wunsch nahekommt. Wie die Lage ist, wird nicht zur Kenntnis genommen, aber wie die Lage sein müsste, damit sie nicht verpflichtet zu irgendwas. Die Heimatdiensteinsätze in Talk-Shows, Artikeln und auf Podien, die den Osten im Titel führen, wären insofern sinnvoll zu korrigieren, als »der Osten« entweder durch ein »Wir«, das alle meint, oder durch »der Westen« zu ersetzen wäre. Jammertal Ost? Abschwung Ost? Ist der Osten noch zu retten? Heimatdienst ist Westalgie-Entertainment, da ist kein Ende in Sicht.

16.

April 2004: »Der Spiegel« stellt die »Wofür?«-Frage. »Wofür?« gesetzt in fetten gelben Lettern, der Farbe des Neides, der Blindheit, der knalligen Operette. »1250 Milliarden Euro« klagt es in der Kopfzeile des Titelblattes und ganz am Boden, dort, wo zwei Krawattendeutsche den krankenkassenkranken deutschen Wunderbaum begießen: »Wie aus dem Aufbau Ost der Absturz West wurde«. Die Titelgeschichte, in der Klaus von Dohnanyi als Ost-Kommissar der Westwirtschaft die Fingerspitzen aristokratisch spitz aneinanderführt, ist eine Stopfgans aus freihändig präsentierten Fakten, Daten und falschen Namen: Von »Ammendorf in Thüringen« ist die Trauerrede, wo das eine legendäre Waggonbauwerk in Halle-Ammendorf gemeint ist, das 2004 seine Tore schließt. Aber es kommt auf Details so wenig an wie auf eine Reflexion oder Analyse. Bei Lichte betrachtet, ist die Unterzeile des Titels als These falsch sortiert: Nicht »Wie aus dem Aufbau Ost der Absturz West wurde« hätte notiert werden müssen, sondern: »Wie aus dem Absturz Ost der Aufschwung West hatte werden sollen« – und ja auch wurde zwischendurch.

Wofür? Wie lange hat es bis zu diesem erhellenden Fragezeichen gedauert? Fünfzehn Jahre. Das sind drei Ostalgie-Wellen, hunderte Höchstabfindungen für im Osten aus Anlässen der Selbstbereicherung und Inkompetenz nicht mehr haltbare West-Politiker, zahllose Blaskapellen-Auftritte von Helmut Kohl und Jazz-Dance-Einlagen im Vorprogramm seines sozialdemokratischen Spiegelbildes Gerhard Schröder. Fünfzehn Jahre Staatsheimatdienst als Ost-West-Entertainment mussten ins Land ziehen, bis die »Deutsche Frage«, die im Westen sehr oft nur eine rhetorische war, als Selbstanfrage genau dort landete, wo sie hingehörte von Anfang an – unter die Hirschgeweihe und Bauhaus-Lampen der Eigentumswohnungen zwischen Rhein und Elbe, alle typisch westdeutschen Hysterie- und Korrektheits-Anfälle inklusive. Die deutsche ist stets die westdeutsche Frage gewesen, nämlich die, womit eigentlich westlich der Zone über 50 Jahre das Leben in einer Komfort-Taucherglocke verdient, bezahlt und nach dem 89er Auftauchen in die Echtwelt weiterhin garantiert werden sollte.

Die Wofür-Frage hätte man zwischen 1949 und 1989 immer mal wieder gern Richtung Westen gestellt. Aber wer hätte das tun sollen fernab der familiären Begegnungen, wo all das immer wieder auf den Tisch gekommen ist, bis man sich gegenseitig den familienpolitischen Laufpass gab? Die DDR-Führung hatte die Wofür-Frage in eigener Sache ja stets grundfalsch beantwortet und solcherart kanonisiert. Heute nun sieht das anders aus. Wofür also? Dafür, dass nach 1989 nahezu alles, was im Osten an Produkten und Industriestätten eine Chance auf Marktfähigkeit hätte haben können, erst einmal von Westen her ausradiert wurde, um dann den eigenen Waren-Überhang in die Ostregale zu füllen, und ein im Westen angestautes Heer von Akademikern, Politikern und Bürokraten in den Osten zu entlassen. Jedes wichtigere Amt vom Heimatmuseumsdirektor an bis hin zu nahezu allen Medienposten ist heute von einem Westler besetzt. Der Westen lenkt, der Osten lenkt ein; das ist im Einzelfall so wenig schlimm, wie es, andersherum, gut wäre. Die Ost-Ahnungslosigkeit West lähmt – im Kitt mit der Welttaubheit der Wende-Kader Ost – die Selbstwahrnehmung der neuen Länder stärker, als es vierzig Jahre DDR haben leisten können.

Dabei wäre es nicht nur anmaßend, sondern schlicht falsch und dumm, den großen Zug von West nach Ost im Grundsatz zu beklagen. Die DDRler hatten sich ja in erschöpfenden Nächten aneinander ruiniert, und wer, wie ich, 1989 noch nicht in der Lage war, den kaputten Osten gegen den klinisch heilen Westen einzutauschen, begrüßte jeden Westler wie ein großes Westpaket, als eine willkommene Ablenkung von dem Personal, das sich überall längst verabschiedet hatte, ohne aber tatsächlich abzutreten. Es kamen ja auch viele der Besten, die hierzulande bis heute zu den Besten gehören: gute Menschen, gute Köpfe, im schönsten Fall Zeitgenossen, die mindestens so aggressiv waren wie der dumme Osten einen selbst hat machen können. Die lässigen Jungpioniere West sozusagen, die der großen Beamtenlandverschickung vorausgingen und den akademischen Bewerbungsnetzwerken, die sich als ein Selbsthilfenetz West auf die ostdeutsche Landschaft legte.

19.

Ansichtssachen, Halle, April 2004. Der erste Sommertag im Hochfrühling, die Peißnitz in Halle, das Saalewiesen-Areal mitten in jener Stadt also, die auf der Zufriedenheits-Skala Deutschlands den vorletzten Platz vor dem zuverlässigen Zufriedenheits-Verweigerer Dessau belegt. Das Volk, das Grün, die Sonne, das alles knallt so sehr bunt und dicht und zärtlich hinein in diese überregional schwarz-weiß gemalte Stadt, dass sie von ihren Rändern her zu flirren beginnt, so lebendig ist die Szene, so phantasmagorisch entrückt. Das neue west-ostdeutsche Bürgertum, das seinem Nachwuchs die Laufräder hinterherträgt; die Schuljugend, die sich vor dem Sprung in die Welt an den Händen hält; der Prolet, der den Proleten herzlich als Proleten auslacht: »Da weeste gleich, wo du bist!« Wenn dieser Ort als Sinnbild des deutschen Niederganges dienen muss, soll dieses Land noch über Jahrzehnte so lässig untergehen. Es wird gedöst, geküsst, gespielt, getrunken, gegrillt, so als stünde man hier nicht an der Saale, sondern an der Strandpromenade von Tel Aviv. Volk also, Heiterkeit, ein großes schönes Sich-gehen-lassen. Von diesen Wimmelbildern muss Erich Honecker geträumt haben, wenn er – eingenickt vor dem ARD-Testbild zur Nacht – kurzzeitig an Halle gedacht haben mag; vor diesen Bildern müssen die West-Chefs der Ost-Medien die Augen verschließen, wenn sie zyklisch große Besinnungsartikel in

Auftrag geben, die auf die zyklischen Ost-Krisen-Statistiken verweisen: Reißt euch zusammen, seid locker! Als stehender Formelauftakt: »Die Ostdeutschen müssen« – wahlweise lernen, einsehen, begreifen.

Einmal im Jahr veröffentlicht der »Stern« unter dem Motto »Perspektive Deutschland« eine gemeinsam mit McKinsey, ZDF und AOL durchgeführte Umfrage zur »mentalen Lage der Nation«. Deutschland antwortet auf Fragen wie »Machen Sie sich Sorgen um Ihren Job?« oder »Wie zufrieden sind Sie mit dem Leben an Ihrem Wohnort?« Die Antworten bilden sich je nach ihrer Tendenz in einer bestimmten Farbe ab, die wiederum die jeweilige Region auf einer Deutschlandkarte sichtbar macht. Das Kartenwerk, das solcherart entsteht, erinnert an Fotos, die Luftbildarchäologen von Acker- und Wiesenfluren machen: Sie machen das, was einmal war, als Grundriss sichtbar, der sich in seiner Farbigkeit von der Umgebung abhebt. Was sichtbar wird in den Umfragen, sind die Grenzen der DDR. Was soll uns das bedeuten? Dass das vergangene Sein das aktuelle Bewusstsein prägt? Dass das tragische Bewusstsein hellsichtiger ist als das selbstgewiss federleichte? Meint man, dass zum Beispiel die Umfrage-Gewinner Starnberg oder Osnabrück tiefere Orte seien als die Umfrage-Versager Dessau und Halle? Und nebenbei: Wie sähe das aus, diese Umfrage wäre 1989 durchgeführt worden: die DDR blass, fast weiß, ein Gelände ohne Nuancen von Hoffnung? Und um wieviel farbiger eigentlich sähe der Westen aus, gäbe es die DDR noch? Und wie zufrieden wäre Osnabrück?

Der Letzte macht das Licht aus. Schrumpfende Städte, steiler Schauder. Die Meinungsindustrie zählt die Wölfe, die vor ihren Schreibtischen entlang von Osten her Richtung Westen ziehen. Abgang Ost, wohin das Auge blickt. Die Schlagzeilen wahlweise: Der Osten blutet aus, vergreist, versteppt. Zum Beispiel Hoyerswerda, der Ort mit hohem Ostfaktor: Schwarze Pumpe, Plattenbau, Fremdenhass und die Erinnerung an Brigitte Reimann als literarisch tapfertraurige Powerfrau. Hoyerswerda also illustriert die Abgang Ost-Geschichten, allein zwischen 1990 und 1999 hat es 30000 Einwohner verloren. Was nicht erzählt wird: Davon sind 62 Prozent nicht in den Westen gegangen, sondern in Sachsen oder den anderen ostdeutschen Bundesländern geblieben. Richtung Westen zogen 38 Prozent, von einer »Westflucht« kann da keine Rede sein, aber doch der schrille Gesang. Zudem sind von den bis 1999 abgewanderten Personen rund 13 000 nach Hoyerswerda zurückgekehrt. Überhaupt finden die größten Wanderungsbewegungen innerhalb Deutschlands in Niedersachen statt, das statistische 19,9 Personen von 1000 Einwohnern verlassen, gefolgt von Mecklenburg-Vorpommern mit 18, Sachsen-Anhalt 16,8, Thüringen 14 und Sachsen 13,1. So finden die stärksten Wanderungsbewegungen im Westen von Nord nach Süden statt; auch Bayern verliert Einwohner: 7,5 Personen von 1000 – Passanten der Mauer im Kopf.

Keinem höheren Auftrag dienen. Wem dann? Sich selbst, der Zeit, der Landschaft und der Welt drumherum. Ich habe »den Osten« noch lange nach 1989 verlassen wollen und nie auf Dauer verlassen können; dieses Wollen ist verflogen, die Frage als Notanfrage steht nicht mehr. Ich habe Halle sehr oft sehr schnell verlassen wollen - und ich kehrte immer wieder zurück, noch auf dem Absatz, weil mir der modelleisenbahntaugliche Westen als zu klein, zu fern, zu harmlos erschien, fast immer auf den ersten, seltener schon auf den zweiten Blick. Die Orts- ist für mich keine Seinsfrage mehr. Die Landschaften und ich, wir verstehen uns prächtig. Wir begegnen uns wie Touristen immer wieder neu; noch vor fünf Jahren hätte ich so etwas für unmöglich gehalten. Dabei ist die Ortsfrage keine nebensächliche, aber eine zweitrangige. Orte sind Weltschaufenster, sind immer da, sie interessieren sich nicht für die Launen einer Zeit, deren Zugriffe sie ertragen müssen.

Verblendete Erinnerung, versiegelte Erfahrung. Umarmt wurden die anderen, jene allzeit Verwend- und Windbaren, die das West-Bild der dramatisch dämlichen »Ostdeutschen« prägen. Ein Suggestions-Apparat ist da am Wirken, der die DDR-Konflikte und Kämpfe zu Animositäten, ja letzten Endes zu Hirn- und Seelengespinsten verkleinert. Die Konfliktlinien im Wende-Osten ärgern so sehr wie die Konfliktlinien in der westdeutschen Nachkriegsgesellschaft störten, bereits damals wurde eine Volks- als Schuldgemeinschaft halluziniert. Die heute so gern beklagte psychopolitische Apathie des Ostens ist ein Resultat der großen Erfahrungs-Nivellierung Ost, die flächendeckend vorangetrieben wurde. Unvergessen: Egon Bahr und Stefan Heym 1996 auf einem Podium der Akademie der Künste in Berlin aus Anlass von Joachim Walthers Stasi-Recherche »Sicherungsbereich Literatur«. Noch bevor irgendetwas geklärt war, erklärte Bahr, dass jetzt nach vorne geschaut und der Aktenschrank geschlossen werden müsse, eben so wie man im Westen mit der NS-Vergangenheit umgegangen war. Und Stefan Heym, der sofort von der Rechtschreibreform zu reden begann, denn diese sei ein tatsächliches Thema. Nicht einfach abzuhaken, die von den West-Chefs des MDR gedeckelte Stasi-Debatte in eigener hauspolitischer Sache, der fortgesetzte Versuch, eine Erfahrung umzulügen und zu entkräften. Die Grau-in-Grau-Ideologen einer Nach-Wende-Volksgemeinschaft. Die Puhdys auf der Berliner Anti-Irak-Kriegs-Demo zu Beginn des Jahres 2003; wie noch immer erklärten sie: »Wir schließen uns unseren Vorrednern an« und spielten »Das Buch«, jenen Song, mit dem sie 1983 die SS-20 Raketen in der DDR begrüßten. Am Ende aller Zur-Sache-Deutschland-Shows wäre festzustellen, dass es »den« Westen genausowenig jemals gegeben hat wie »den« Osten, ja dass am Ende aller die Gegenwart kompostierenden Ostalgie-Schübe das selbstbeschränkt »Westdeutsche« sich als letzte Verpuppung des Zonentums kenntlich macht, als ein mental und faktisch mehrfach verdoppelter Osten sozusagen.

18.

Rauschende Kiefern, lauschende Genossen: Ich fahre nach Norden nach Osten, Sommer 2000. Hinaus nach Grünau, j.w.d. – janz weit draußen. Graue Reihenhäuser in den Wald geduckt: ein Zonenrand-Idyll in Südost-Berlin. Otto Grotewohl, erster DDR-Ministerpräsident, ließ die Waldsiedlung für staatsnahe Intellektuelle errichten: Künstler, Beamte, Exil-Heimkehrer. Seit Stefan Heym 1952 Amerika Richtung Deutschland verließ, lebt er im Wald von Grünau. Heym, 86, jüdischer Kaufmannssohn aus Chemnitz, Emigrant der ersten Stunde, der den Nazis über Böhmen entkam, US-Sergeant für psychologische Kriegsführung, der an der Landung der Alliierten in der Normandie teilnahm. Heym kennt sie alle: die Lebenden und die Toten. Und den lieben Nachbarn auch, der ihn über Jahrzehnte im Stasi-Auftrag bespitzelte.

Noch einmal legt Heym einen Roman vor. »Die Architekten«, ein Bericht aus dem Nomenklatura-Alltag im ostdeutschen Stalinismus; fünfunddreißig Jahre lag das auf Englisch verfasste Buch in der Schublade. Dass Heym seine Übersetzung ins Deutsche präsentieren kann, ist keine Selbstverständlichkeit. Über Wochen lag er 1999 in einem künstlichen Koma; seine Rückkehr in die Öffentlichkeit wird wie eine Wallfahrt gefeiert. Letzte Tänze, erste Kränze. Heym war ja stets der inoffizielle DDR-Bestseller-Autor, ein Fernsehgesicht, das als Deuter aller Ost-Orakel in die West-Kameras lachte. Geschützt durch seine Westpopularität, gab er den scharfen Dreinredner in die DDR-Kulturpolitik. Es war ein Sport, den Heym-Originalton in die Wohnzimmer zu holen – beim Kurbeln am Radio oder bei der schwarzweiß-flackernden TV-Nachtwache. Heym gab den Robin Hood aus Gewissenszwang; das konnte auch quälen. Die große Geste, das letzte Wort, das war Heyms öffentliches Naturell. Narziss mit Goldmund, der den Glaubenssatz vertrat, dass – wenn Idee und Realität einander widersprechen – dies um so schlimmer sei für die Realität. So war es 1989, als Heym aufs Podium stieg, »für unser Land« trommelte, um wenige Tage darauf, das Volk – den großen Lümmel – bei der »Jagd nach dem glitzernden Tinnef« zu erwischen. Er sah »eine Horde von Wütigen, die, Rücken an Bauch gedrängt, Hertie und Bilka« zustrebten. Für Heym ist ein Schriftsteller ein Volkskopfwäscher, einer der »die Pflicht beansprucht, die Wahrheit auszusprechen«; dass Wahrheiten eine relative Sache sind, war mit ihm schwer zu klären. 1994 zog Heym für die PDS in den Bundestag, der Stasi-Vorwurf folgte auf den Fuß. Bei all dem, was Helmut Kohl zur Last gelegt werden kann, wiegt dieses mit: Dass er dem Jahrhundert-Überlebenden Stefan Heym den Respekt versagt hat, als dieser als Alterspräsident das Parlament eröffnete; dass die CDU-Fraktion – außer Rita Süßmuth – weder sich erhob am Beginn noch applaudierte zum Schluss.

Stefan Heym sitzt auf der Terrasse hinterm Haus. Ein schlohweißer Schopf im blauen Korbstuhl: So uralt sitzt er da, so statuarisch wie der große rote Metall-Uhu im hauseigenen Busch. Heym genießt es, »bis über den Kopf in eigener Arbeit zu stecken«. Er freut sich, dass er den letzten unveröffentlichten Roman seiner Werkausgabe hinzufügen darf. »Es wäre doch schade, wenn ich mich verabschiedet hätte, ohne diesen Roman«, sagt er. Heym ist auch stolz auf sich. Zu alt, um sich noch kränken, zu wach, um sich unterschätzen zu lassen. Dass er springen will und nicht mehr kann, nur das, sagt er, findet er zum Kotzen.

Herr Heym, zehn Jahre der DDR-Reflexion liegen hinter uns.
Heym: Wer reflektierte hier denn?
Das öffentliche Volk.
Heym: Meinen Sie? Ich weiß nicht, ob die Leute noch viel nachdenken über die DDR. Glauben Sie das?

Es wurde viel und geräuschvoll debattiert: aufgerechnet, abgerechnet, polemisiert.

Heym: Es gibt jetzt nur noch so etwas ziemlich Nebelhaftes. Man weiß nicht mehr so genau, wie es damals war. Es war irgendwie anders. Ob es gut war oder nicht, das wissen die Leute auch nicht mehr.

Es gab Streitpunkte: Mauerschützen, Privilegien, Stasi und Literatur und immer wieder Stasi. Bis hin zu dem Punkt, dass die Stasi- die SED-Debatte schluckte. Der SED-Funktionär, der gar nicht erst in die Stasi eintreten musste, konnte im Gegensatz zu einem kleinen Stasi-Mann ein heiteres Nachwendeleben führen.

Heym: Die Bestrebungen der neuen Herren waren, den Beweis zu erbringen, dass die alte Herrschaft gestunken hat, während sie selber aus lauter Wohlgerüchen bestehen. Etwas anderes wurde eigentlich nicht diskutiert.

Was fehlt?

Heym: Niemand hat einmal nachgewiesen, was an der DDR einigermaßen erträglich, was gut gemeint, aber schlecht durchgeführt war. Oder was von vornherein falsch war und all diese Sachen. Ich glaube, trotz dieser Millionen von Akten, ist die DDR immer noch Terra Incognita, unbekanntes Land. Es fehlen objektive Historiker. Es fehlt ein grundsätzliches historisches Werk über die DDR.

Das fehlt auch über die Bundesrepublik.

Heym: Die Bundesrepublik ist da, die kann man beobachten, die DDR nicht mehr.

Wo hätten die Historiker Entdeckungen zu machen?

Heym: Überall. Sie müssen sich nur umgucken, egal auf welchem Gebiet, und fragen: Wie war das damals und wie ist es jetzt? Es geht nicht um allgemeine Regeln, die man aufstellen soll. Man kann nur sagen: Es war kein Sozialismus, es war die besondere Form einer Staats- und Wirtschaftsordnung, die nicht funktioniert hat.

Wie würden Sie einem Nach-89-Geborenen erklären, was das war, die DDR?

Heym: Einem Kind kann man das nicht erklären. Man müsste kindlich reden, kindliche Beispiele wählen; das kann man nicht. Da könnten Sie so gut wie ich etwas erfinden.

Erfinden Sie doch.

Heym: Nach den heutigen historischen Äußerungen war die DDR so etwas wie die Hexe im Walde, die die kleinen Kinder gefressen hat. Soll ich dann dem Kind sagen, das war aber gar keine Hexe im Walde? Es gibt überhaupt keine Hexen? Einem Erwachsenen muss man das erklären können.

Wie würden Sie einem erwachsenen Australier, der sich nie für Deutschland interessiert hat, erklären, was das war, die DDR?

Heym: Das wollen Sie von mir in zwei Minuten hören? Machen Sie keine Witze! Wie würden Sie es denn erklären? Sie haben es doch mitgemacht, waren schon erwachsen, mehr oder weniger. Wie würden Sie es erklären?

Die DDR war ein Produkt des Zweiten Weltkrieges, das aus dem linken Geist der Weimarer Republik verwaltet wurde. Die Verhaltensmuster der politischen Klasse kamen aus dieser Zeit. Sie hatten mit meiner Gegenwart wenig, mit meinem Leben überhaupt nichts zu tun. Es war ein Staat, in dem die Freiheit des Einzelnen kein Wert war für sich. Es war ein Staat, über den man nur genau reden kann, wenn man sagt, über welchen Abschnitt seiner Existenz man redet. Ich habe die DDR in den 8oern erlebt: eine Republik im Stillstand. Mutlos, leidenschaftslos, scheinlebendig.

Heym: Das ist interessant, was Sie da sagen, eine Definition ist das aber auch nicht. Sie beschreiben nur ein paar Eigenschaften.

Ihre Erklärung?
Heym: Die DDR war ein Versuch, eine Alternative zum deutschen Kapitalismus zu finden. Aber die Konzeption, die sie hatten, war nicht ihre eigene. Es war der Versuch der Nachahmung eines Systems, das man wiederum untersuchen müsste: Was hatte sich da ereignet und aus welchen Wurzeln ist das entstanden? Ich denke sehr oft darüber nach, wie das alles gekommen ist.
Und wie ist das gekommen?
Heym: Sie müssen meinen Roman »Radek« lesen, da steht einiges drin.
Hatte die DDR als eigenständige Veranstaltung jemals eine Chance?
Heym: Bis kurz nach dem Mauerbau. Die Mauer hatte die Chance erneuert sozusagen. Aber die Leute, die an der Macht waren, waren die falschen.

19.

Was war die DDR? Ich trug als Journalist die Was-war-Frage gerne mit mir herum. Ich zog sie bei Interviews als Pausenkasper aus der Tasche. Je länger der Befragte mit der Antwort zögerte, um so weniger hatte er mitzuteilen; je schneller er antwortete, um so weniger hatte die Antwort mit ihm selbst zu tun. Kein ideeller Glutkern strahlte da auf, sondern sehr oft nur der tote Punkt, von dem aus eine biografische Kugel ins Abseits rollte. Die DDR also: der Strafraum, der Sturzacker, die große Pause; das Schwarzbrot der Erinnerung, das dort, wo es in groben Stücken gebrochen wird, den Erfahrungs-Stau Ost in die Gegenwart verlängert. Die DDR, wo sie öffentlich wird, ist heute ein Fall für Kabarettisten, Volkserhitzer und Festtagsredner – damit hätte sie Westniveau erreicht. Politisch korrekte Straffungen im Nachhinein: So wie der NS-Staat posthum über seine Verbrechen, wird die DDR allein über die ihr äußerliche Komik zurückbuchstabiert; die DDR-Gesellschaft bleibt unsichtbar. Das »Ländchen« blüht, das kein Land war, sondern ein Staat, der seine Bürger zu marginalisieren suchte, deshalb selbst aber noch längst keine Marginalie war. Das Lächerliche ist nicht lächerlich.

DDR – ein Kürzel, drei Unbekannte: deutsch, demokratisch, Republik. Hoch und heilig im Allgemeinen, demagogisch im Detail. Deutsche Desiderate Republik: Immer fehlte etwas. Deutsche Dramatische Republik: eine Kulissenwelt, in der das Theaterhafte nur theaterhaft zu retten war – am Ende blieb das Publikum aus und die DDR als Posse schob sich zurück in die Provinzen der Presse. Die DDR war ein Spiegelkabinett, das aufblies, was schmal war, das krümmte, was gerade schien; nicht wenige Köpfe brachte das um ihre Gestalt. Das Gute an der DDR war stets die Tat im Namen eines Guten. Was war denn demokratisch? Die Frustration, die durch alle Winkel und Ritzen blies? Die mit Einheitslisten geführte Wahlfarce, die ein Urnengang im Wortsinn war? Die Volksbildung, die Wissen umlog, verschloss, bestrafte? Das Leseland? Was sagt Christoph Heins 1987er Wortmeldung in Sachen Zensur, nämlich dass diese »überlebt, nutzlos, paradox, menschenfeindlich, volksfeindlich, ungesetzlich und strafbar« ist, über den Charakter einer Staatsgesellschaft, der diese Zensur unentbehrlich war? Was eigentlich war so sozial an der DDR? Die niedrigen Arbeiter-Renten, die einstürzenden Städte, die verheerte Umwelt? Das Recht auf Arbeit, das eine Pflicht war, und das sich dem Notstand von dreimillionenfach nach Westen geflohenen Arbeitskräften verdankte? Überhaupt: Ist die Frage mit »Was war?« nicht falsch gestellt? Das dauert ja fort: die

Flucht als Abwanderung, die lahmende Produktivität, die kollektive Melancholie, das »Ja aber!« einer allein rhetorisch wirksamen Kunst. Wie kommt man da raus – als Messer oder Löffel mit menschlichem Antlitz?

Es ist ein Unterschied, ob über die oder von der DDR die Rede ist. Worum es geht: das Instandsetzen der Erinnerung, das Behaupten der Erfahrung, der kleinen in der großen Differenz. Es geht um Genauigkeit, Haltung, Respekt. Was war 1989? Der Triumph der eigenen sehr konkreten Geschichte über die von außen her auftrumpfende Abstraktion. Es ist ja dann doch einiges zu begreifen. Dass der, der eine Haut zu Markte trägt, darauf achtet, dass es die eigene ist. Dass sich niemand ungefragt zum Sprecher anderer macht. Dass dort, wo Vergangenheit zur Rede steht, die Gegenwart stets mit verhandelt wird. Dass der so genannte Druck der Verhältnisse sehr oft nur eine Entschuldigung eigenen Handelns ist. Dass das, was zählt, etwas anderes ist, als das, was sich auszahlt. Dass ein jeweils einziges Leben eine andere Geschwindigkeit besitzt als die politische Zeit, von der es umschlossen wird.

Inhalt

Mein kurzer Sommer der Ostalgie **5** Es war alles schlecht **6** Es gab doch ein wahres Leben im falschen **7** Wie schreibt einer Vergangenheit **8** Der neue deutsche Osten ist eine Erfindung des Marktes nach einer Geschäftsidee des Westens **10** Zonenvogel, der ich ich war **11** Donnernde Stille: der Osten **12** Neunzehnhundertneunundachtzig **14** Wie die Alten sungen: Jurij Brezan **15** Was war die DDR? **16** Unrechtsstaat **17** Wo sind nur Pitti und Schnatterinchen geblieben **20** Noch bevor die DDR verschwinden konnte, wurde sie bereits vermisst **21** Phantomschmerz Ost **22** Vierter November 1989 **23** Was Heiner Müller vortrug **25** Die DDR war ein Kindheitsparadies **26** Wetterspuren des Sozialen **27** DDR-Identiät **31** Glienicker Brücke **32** Der sich erinnert, redet in Zungen **33** Die Heimat hat sich schön gemacht **34** Langeweile ist Hunger **36** Es wurde in der DDR nicht mit Genauigkeit miteinander geredet **38** Schönheit: Ja auch **38** Phantomschmerz Ost **40** Totentrompeten **41** Die Gesellschaft der DDR war eine Gesellschaft ohne Erfahrung **41** Die Mauer hielt Ost und West wie ein Reißverschluss zusammen **45** Das Wahre im Falschen, das Gesunde im Kranken **46** Berlin-Mitte **47** Mein Westen **49** Ich war 22: Westberlin **51** Bahnhof Friedrichstraße **54** War der Kaiser an allem schuld? **55** Doorn: Palast der Republik **59** Wandlitz: Waldsiedlung **60** Hausordnung des Heimwehs **62** Schabowski, Liebknecht, Scheidemann **63** Wie hältst du's mit der Ostalgie? **64** Produktpalette Ost **66** Ein irdisches Vergnügen in D. **67** Good Bye, Lenin! **71** Ostalgiker **72** Neunzehnhundertneunundachtzig **73** Halle **74** Venceremos **75** Wende **77** Noch einmal: Vierter November **78** 17. Juni: Hermann Kant **80** Volk und Bevölkerung **87** Revolution, Implosion? **88** Kunst in der DDR **89** Generation und Geschichte **93** Rückkehr der Landschaften **97** Generationen-Building **97** Wer nur ein Jahr jünger ist, hat keine Ahnung **99** Traumfabrik Kommunismus **102** Die Zone **103** Heimatdienst **105** Wofür **106** Halle **108** Der Letzte macht das Licht aus **109** Verblendete Erinnerung, versiegelte Erfahrung **111** Rauschende Kiefern, lauschende Genossen: Stefan Heym **112** Was war die DDR? **116**

Bibliographische Information **Der Deutschen Bibliothek**
Die Deutsche Bibliothek verzeichnet diese Publikation in der Deutschen
Nationalbibliographie; detaillierte bibliographische Daten sind im Internet
über http://dnb.ddb.de abrufbar

Die im Text verarbeiteten Interviews mit Jurij Brezan, Stefan Heym und
Hermann Kant gehen teils wörtlich, teils in leicht veränderter Form auf Artikel
zurück, die in der Mitteldeutschen Zeitung erschienen sind. Das Brezan-Gespräch
wurde unter der Zeile »Ein Leben in dreitausend Schritten« am 23. Juli 1999
veröffentlicht; das Interview mit Stefan Heym (»Die DDR bleibt eine Terra Incognita«)
erschien am 5. August 2000, das Gespräch mit Hermann Kant am 17. Juni 2003
(»Ich rief: Was macht ihr denn?«).

Titelbild: Moritz Götze, »Paar am Strand« 2002 (nach Walter Womacka)
Lektorat: Ulrich Steinmetzger
Umschlaggestaltung und Satz: Christian Topp

© 2004, Verlag Janos Stekovics
Das Werk einschließlich seiner Teile ist urheberrechtlich geschützt. Jede Verwertung
außerhalb der engen Grenzen des Urheberrechtsgesetzes ist ohne Zustimmung der
Rechtsinhaber unzulässig und strafbar. Das gilt insbesondere für Vervielfältigungen,
Übersetzungen, Mikroverfilmungen und die digitale Speicherung sowie Verarbeitung.

ISBN 3-89923-065-5

DIGITAL PRINT DÖSSEL STEKO